als der Regen kam

Mit Texten und Bildern von

Henrik Ahlers
Jan Bauer
Ronald Bonss
Maik Börner
Frank Dehlis
Sven Döring
Annett Ehlers
Katrin Fiedler
Steffen Füssel
Thomas Gerlach
Marian Günther
Jörn Haufe
Frank Höhler
Mario Hösel
Andreas Judefeind
Rene Kasprzack
Oliver Killig
Guido Kleinhubbert
Sophia-Caroline Kosel
Silvia Kramer
Hans Krämer
Andreas Kretschel
Sergej Kuznetzov
Sven Laudel
Matthias Lüttig
Uwe Meinhold
Robert Michael
Eckardt Mildner
Detlev Müller
Tom Richter
Matthias Rietschel
Thomas Rosenlöcher
Jens Schneider
Rudolf Scholz
Ingo Schulze
Ronny Senft
Volker Sielaff
Jens-Uwe Sommerschuh
Toralf Staud
Andreas Wegener
Alexandra Winkler
Marius Zippe

Nick Reimer

als der Regen kam

ein Fotolesebuch zur Flut in Sachsen

Michel Sandstein Verlag

Der Reinerlös aus dem Verkauf des Buches
kommt der Freien Werkschule Meißen zugute.

Es war einer jener schwülwarmen Sommertage, nach denen man sich im März so heftig sehnt. Die Schwimmbäder sind gut besucht, die Eisverkäufer blendend im Geschäft, der Schweiß läuft unanständig. Für den Abend ist ein Sommergewitter vorhergesagt, was zumindest romantische Seelen mit Vorfreude erfüllt.
Ein Spaziergang im warmen Regen vielleicht?
Bis zu 60 Millimeter Niederschlag, meldet das Radio am Nachmittag. Was immer das bedeuten mag: Es scheint betonenswert. Dabei ist dieser Sommer längst im Eimer. Jedem einzelnen Hitze-Tag folgt garantiert der Regen.
Am Abend zeigt das Fernsehen Sturzfluten, die Autos ins Schwarze Meer spülen, Straßen, die von der Donau okkupiert sind, Menschen, die im Ruderboot durch Fußgängerzonen fahren. Die Zahl der Hochwassertoten in Russland, Rumänien, Österreich habe sich auf 55 erhöht, sagt der Sprecher der Tagesschau.
Man denkt: grotesk! Und dann ans Abendbrot.
Es beginnt zu regnen. Sanft zunächst. Schnell aber stärker. Schließlich trommelt das Wasser zum Himmelangstwerden gegen die Scheibe. Entfesselte Natur, ein Drama wird geboren.

Das vorliegende Buch ist keine Dokumentation. Es will nicht nach Ursachen suchen, versucht nicht zu bilanzieren. Das vorliegende Buch erhebt keinen Anspruch auf Vollständigkeit, keinen auf Wertung. Das vorliegende Buch will einzig den Augenblick festhalten. Es vereint persönlich Betroffene mit beruflich Betroffenen, Helfer mit Leidenden, Fotografie mit Text. Dieses Buch versucht, den Moment begreiflich zu machen.
Den Moment, als der Regen kam.

stürzendes Wasser

Bei Leisnig ragen Wände aus dem Wasser. Die Wäscheleine ist noch gespannt. Kleider hängen. Bei näherem Hinsehen: ein Keller. Am linken Ufer, am rechten Ufer Asphalt. Wo ist die Brücke? Statt ihrer spülte die Mulde den Fertighaus-Keller ans Ufer. Wohin? Woher? Was ist geschehen?
Um zu begreifen, muss man ganz nach oben. 800 Meter hoch, auf den Kamm des Erzgebirges, wo bei Moldava die Freiberger Mulde entspringt. Normalerweise ist das Flüsschen hier gerade meterbreit. Aber was ist schon normal bei diesem Regen. An jenem Montag heult gegen zehn in Holzhau die Sirene. Die Freiwillige Feuerwehr rückt aus. Sandsäcke schleppen, um den sich wild gebärdenden Strom wenigstens etwas zu zähmen. Am Abend wird das aussichtslos. Der Regen lässt nicht nach. Er weicht das Erdreich auf, wälzt sich verschlammt zu Tale. Die Mulde schwillt jetzt stärker an, es gibt kein Halten mehr.
In Rechenberg-Bienenmühle nimmt der Fluss fast alle Brücken mit. Die Vorfahren bauten direkt hinter dem alten Rathaus ein Gewölbe, um die Mulde unter die Erde zu zwingen. Doch jetzt nützt kein Zwang – das Wasser stürzt dem Rathaus entgegen, frisst sich ins Gemäuer. Bei Clausnitz sucht sich der Fluss ein neues Bett. Zum Unglück der Familie Hunger: Ihr Haus steht ihm im Wege, die Mulde spült ein Drittel davon weg.
In Mulda mauerten die Menschen dem Fluss einst ein steinernes Korsett. Wer konnte je mit solchen Wassermassen rechnen? Zwei Meter tritt die Mulde über. Baumstämme, Straßenlaternen, Eisenträger schießen wie Torpedos durch den Ort. Die Brücke am Ortseingang – weggerissen. Die Brücke zur Firma Richter – weggespült. Die Brücke der Schulstraße, die Fußgängerbrücke – weggefressen. Ganz zu schweigen von den schmucken Häuschen am Ufer.
Der Floßgraben bringt Nachschub, der Chemnitzbach tobt ins Muldental, der Zethaubach müsste jetzt treffender Zethaufall heißen. In Lichtenberg schafft sich der Fluss viel Platz. Den braucht er auch. Die Gimmlitz – eines dieser zarten Nebenflüsschen im Oberlauf – verdoppelt das Toben. Was hier zweihundert Meter breit fließt, wird weiter unten von den Felsen wieder eingezwängt. Bei Halsbrücke mündet der Münzbach. Kaum eine Karte verzeichnet das Rinnsaal. Als ob ihn das wurmt, tobt und wütet er und speist die Flut. Pausenloser Regen. Die Mulde schwillt auf fast fünf Meter an.
Als geografischer Mittelpunkt Sachsens gilt der Zusammenfluss von Mulde und Bobritzsch. Jetzt ist er Ausgangspunkt von ungehemmter Wasserkraft. »Bober« sagen die Einheimischen zur Bobritzsch. Die Bober sei noch schlimmer als die Mulde. Derart angeschwollen, wirft sich die vereinigte Flut Nossen entgegen. Die halben Meter starken Eisenträger der Huthausbrücke knicken wie Strohhalme.
In Nossen steht eine Eisenbahnbrücke. Lichte Höhe knapp sechs Meter bis zum Schienenstrang. Trotzdem wird sie überspült. Schlimmer noch: Die Eisenbahnbrücke und die dahinter liegende Fußgängerbrücke wirken wie ein Stauwehr. Das Wasser sucht sich seinen Weg über die Fabrikstraße. Hindernisse – ob zementiert, aus Stahl oder gewachsen – walzt der Fluss platt.
Die Pitsche hetzt am Kloster Altzella noch mehr Zerstörungskraft in die Flut. Gerade rechtzeitig, um in Roßwein vier Brücken und die Unterstadt zu zerstören. Hinter Roßwein mündet die Striegis, die sich mit der Verwüstung in ihrem Tal nicht zufrieden geben will. Die Massen peitschen gegen Döbeln hin, das herausgeputzt nichts ahnend auf den »Tag der Sachsen« wartet.
Leichtes Spiel hat hier der Fluss. Die Altstadt – eine Insel – wird von allen Seiten angegriffen. Gleich vier Ufer schleift das Wasser hier. Und weil dieses Unglück noch nicht reicht, die Erdgeschosse obendrein.
Vor Leisnig bringt die Zschopau neue Wassermassen. Die einigen sich später mit der Zwickauer Mulde. Nun sind die Heere komplett. Um in Grimma, Wurzen, Eilenburg und Bitterfeld zu wüten.
Im Muldental: Land unter.
Und das mitten im August.

Glashütte, nach dem Dammbruch

Ilse und die Wasserkraft

Auch der Regen kennt Rekorde. Die höchste bisher in Deutschland gemessene Niederschlagsmenge wurde in Sachsen registriert: Am 7. Juli 1906 fielen in Zeithain binnen 24 Stunden 260 Liter Wasser je Quadratmeter. Regenrekord, jedenfalls bis Mitte 2002. Da erreicht das Unwettertief »Ilse« den Erzgebirgskamm und setzt sich hier fest. Binnen 24 Stunden prasseln in Zinnwald 312 Liter Wasser pro Quadratmeter nieder. Auf dem Fichtelberg regnet es an jenem Montag 193 Liter, in Dresden 158, in Görlitz 174 Liter. »Das entspricht statistisch gesehen mindestens der Menge eines halben Jahres«, sagt Konrad Döpke, Mitarbeiter des Deutschen Wetterdienstes in Leipzig.

Nicht nur, dass es viel regnet. Es regnet auch ungewöhnlich lange. Döpke: »Normalerweise ziehen solche Regengebiete sehr schnell durch. Aber dieses Tief blieb fast liegen.« Ungewöhnlich heftig. Ungewöhnlich lange. In Zinnwald werden in 36 Stunden sogar 374 Liter pro Quadratmeter gemessen. Der Ursprung einer Katastrophe. Die Natur entfesselt ungeahnte Kräfte.

Sachsen wurde von zwei Fluten heimgesucht – einer stürzenden und einer steigenden. Auch wenn die steigende Flut ungeheure Schäden anrichtet – ihre Wirkung ist bei weitem nicht so

Lutz Stellmacher | Dresden-Laubegast

Sonnabend, 10. August

Marion erzählte, beim Bäcker hätte sie die Schlagzeile der Dresdner Morgenpost gesehen: »Flutwelle rast auf Dresden zu«. Wir machen uns lustig, was die da wieder schreiben! Am Abend sind wir bei Susanne zum Geburtstag. Sie hat in ihrem Altlaubegaster Haus die Fassung eines schönen alten Brunnens freigelegt, der sogar Wasser führt. Wasser im Wohnzimmer – eine feine Sache.

Sonntag, 11. August

Ich hatte auf unserem Balkon Fliesen neu gelegt, da war beim Bau gepfuscht worden. Das Wasser lief nie richtig ab. Die Fugenmasse muss eine Woche aushärten. Vorher kein Wasserkontakt!, steht auf der Beschreibung. Am Nachmittag fängt es an zu regnen.

Montag, 12. August

Der Regen hat sich in der Nacht zur Sturzflut verwandelt. Ich werde komplett nass auf dem Arbeitsweg. Es wird immer verrückter, in der Firma fließt unentwegt Wasser durch die Eingangstür, man kommt mit Wischen gar nicht nach. Auf dem Weg nach Hause fährt

Dresden-Neustadt, am Montag, vom Regen verwandelt

Lungwitzbach zwischen Hohenstein-Ernstthal und Lichtenstein

verheerend wie die der stürzenden. In 24 Stunden 312 Liter Regen heißt: Auf jedem Quadratmeter stand das Wasser theoretisch 31,2 Zentimeter hoch. Auf drei Quadratmetern sammelt sich also etwa ein Kubikmeter Wasser – der eine Tonne wiegt.

Die schwefelhaltigen Abgase des böhmischen Braunkohlebergbaus haben den Wäldern des Erzgebirgskammes derart zugesetzt, dass der Wasserspeicher Wald praktisch tot ist. Flüsschen wie die Flöha, Triebisch, Seidewitz, Zschopau oder Gottleuba verwandeln sich in reißende Ströme. Welche Kraft Wasser hat, lässt sich anhand eines rechnerischen Vergleiches beschreiben: Wenn 50 Kubikmeter Wasser einen zehn Meter hohen Abhang hinunterstürzen, haben sie – energetisch gesehen – die selbe Wirkung wie ein 20 Tonnen schwerer Lastwagen, der mit 80 Stundenkilometern ein Haus rammt.

Allein die Talsperre Eibenstock an der Zwickauer Mulde hielt acht Millionen Kubikmeter Wasser zurück – bevor sie überlief. Einen solchen Hochwasserschutz haben aber Müglitz, Bobritzsch oder Striegis nicht.

kaum noch eine Straßenbahn, die Leute schimpfen auf die Verkehrsbetriebe. Da ich sowieso nass bin, nehme ich mir den Fotoapparat und gehe an die Elbe. Sieh an: Hochwasser. Mitten im Sommer! Sogar die Stufen zur alten Dampferanlegestelle sind schon weg.

DIENSTAG, 13. AUGUST

Gott sei Dank hat der Regen nachgelassen. Der war ja zum Angst bekommen. Ich fahre mit dem Auto zur Arbeit. Beim Bäcker Siemank am Laubegaster Ufer hat die Elbe eine Wasserzunge gebildet. Der Pegel steht bei 6.65 Meter. Donnerwetter, so hoch stand hier das Wasser noch nie. Doch, natürlich: Ich denke an die Wasserpegel vergangener Fluten. Und beruhige mich: Sowas gibt's heutzutage nicht mehr. Und selbst wenn: Mein Freund Marco hat mal ausgerechnet, dass unser Haus erst bei einem Pegelstand von 7,93 Metern absäuft. Und Marco, der bei der Wasserwirtschaft arbeitet, wusste mich zu beruhigen: Weil die Elbe heute tiefer ist als früher und weil die Staustufen in Böhmen den Wasserfluss kontrollieren, ist das ganz und gar unwahrscheinlich.

Der Sohrabach in Sohra

Die Zschorlau flutet den gleichnamigen Ort im Erzgebirge

Näheres ist nicht bekannt

Der Heimweg – keine zehn Minuten weit. Trotz Schirm und Hast wurde ich nass bis auf die Haut. Auf diesem Weg schnappte ich drei Worte auf: Müglitz, Dammbruch, Glashütte …
Ich bin im oberen Osterzgebirge aufgewachsen und weiß, wie die Schneeschmelze zuweilen Bäche in reißende Flüsse verwandelt. Doch jetzt, wegen eines Sommerregens? Beunruhigt schalte ich den MDR-Sachsenspiegel an. Das war mir jahrelang nicht mehr passiert. Aber wenn, dann würde eine regionale Katastrophe wohl zuerst im Regionalfernsehen …
Aus Schneeberg berichtet ein Kamerateam, wo ein paar Garagen unterspült sind. Sie senden nur von dort. Das kann beruhigen. Dann aber ein Handy-Interview mit einer Reporterin in Malter, deren Gesicht per Passbild eingeblendet wird: Ja, oberhalb von Glashütte sei ein Damm gebrochen. Ja, die Fluten hätten in der Stadt gewütet. Ja, die Talsperre Malter werde in Kürze überlaufen. Nein: Näheres sei nicht bekannt.
Ich weiß, wie breit die Staumauer in Malter ist und denke: O Gott. Dann wälzt sich ein Strom von der Breite der Elbe, nur tiefer und viel wilder, gen Tharandt, Freital, Dresden-Friedrichstadt. Der Katastrophenalarm wird erst viel viel später gegeben.

Am frühen Nachmittag spricht sich herum, dass die Weißeritz überläuft. Das halbe Stadtzentrum bis hin zum Bahnhof sei voll Wasser. Man mag es nicht glauben. Ich verschwinde nach Hause, wo aber alles relativ ruhig ist. Es ist eben von Vorteil, jetzt nicht zu nahe an der Weißeritz zu wohnen.
Wir wohnen mit Familie Zöllner in einem Zweifamilienhaus, die Zöllners überwiegend im Erdgeschoss, wir oben. Ich frage meinen Nachbarn, ob wir nicht irgend etwas abdichten sollten. Das Haus ist ja zur Hälfte ein Holzständerbau, wenn da wirklich was nass wird …
Der Nachbar hält das für Quatsch. Die Elbe ist kaum weiter gestiegen. Trotzdem bin ich unruhig. Ich kaufe im Baumarkt Planen und extrastarkes Tesa-Band. Neben der Kasse steht eine Palette mit Spielsand-Säcken.

Am Morgen und Vormittag und Nachmittag des 13. August brodelte die Weißeritz durch die Dresdner Innenstadt, überflutete den Hauptbahnhof und ergoss sich an der Semperoper in die Elbe. Die war inzwischen stark angestiegen, doch bedrohlich wirkte sie noch nicht. Bedrohlich klangen aber die Meldungen aus Böhmen. Prag droht unterzugehen. Jeder Bach, jeder Fluss von der Eger bis zur Moldau, alles Wasser des böhmischen Beckens hat nur einen Abfluss: die Elbe. Und deren Pegel stieg nun, langsam, doch sichtbar Stunde um Stunde. Meine Freundin Schneewittchen aus der Friedrichstadt, wo bereits am Montagabend der Strom ausgefallen war, so dass dort niemand mehr fernsehen konnte, war am Dienstagmorgen von seltsamen Geräuschen geweckt worden. Sie hatte aus dem Fenster geblickt und Autos in den Weißeritzfluten vorbeitreiben sehen. Sie entkam im Badeanzug und wurde von einem Schlauchboot aufgefischt. Zweieinhalb Tage später stand ihr Haus am Riesa Efau noch tiefer im Wasser. Nun war die Elbe da.

Jens-Uwe Sommerschuh

Klaus Straßburger | Rothenfurth | Freiberger Mulde

Am Montag warnt gegen 16 Uhr die Polizei per Lautsprecher vor Hochwasser. Wir tragen alles Wertvolle in die erste Etage: Papiere, Bücher, Technik. Am Nachmittag fängt die Mulde an, über die Ufer zu treten. Um Platz zu gewinnen, frisst sie sich ins Ufer – dort, wo die Brücke steht. Nachts steht Armee vor der Tür. Evakuierung. Das Haus steht da bereits einen halben Meter unter Wasser. Meine Frau will nicht mit. Ihre schwerkranke Schwester liegt bei uns. Auch ich besteige den Speziallaster nicht, kümmere mich um die Pferde, die bis zu den Knien im Wasser stehen. Die Mulde steigt jetzt unheimlich schnell, ich habe einige Mühe, zu Pferd die Brücke zu erreichen. Die ist zu diesem Zeitpunkt schon sehr angefressen.
Am Dienstag versucht das THW mit Spezialbooten zu unserem Haus zu gelangen. Meiner Frau und der Patientin wegen. Sie schaffen es nicht, die Strömung ist zu stark. Immerhin gelingt es dem THW, die Nachbarhöfe zu evakuieren. Die Brücke hat sich jetzt ins Wasser geneigt, sie wird nicht mehr lange überstehen. Hoffentlich hält unser Haus der Kraft des Wassers stand.

Schneeberg im Westerzgebirge, die B169 wird zum Fluss

Weesenstein bei sinkendem Müglitz-Wasser

Weesenstein, in der Müglitz die Wand

Die rettende Wand

Das Dach misst wenige Quadratmeter. Von oben prasselt Regen. Unten tobt Wasser gegen die Mauern. Raus hier, aufs Dach hatte der Vater gebrüllt, als die Müglitz durchs Wohnzimmerfenster schoss. Da hocken sie nun: Vater, Oma und zwei Kinder.
Am Nachmittag waren Andrea Jäpel und Sohn Marcel aus Dresden von der Arbeit gekommen. Unvorstellbare Regenmengen, die liebliche Müglitz ist nicht wiederzuerkennen. »Wir kamen nicht mehr an unser Haus, im Erdgeschoss stand schon das Wasser«. Zu der Zeit wissen sie noch nicht, wo sich der Rest der Familie befindet. Erst eine SMS von Tochter Silvana bestätigte schlimmste Befürchtungen: »Wir sind noch im Haus. Holt uns raus – wir schaffen's nicht alleine!« Verzweifelt wählt Andrea Jäpel die 110, landet aber bei der Polizei in Dresden. Die erklärt sich für nicht zuständig, verweist an den Rettungsdienst unter 112. Wieder kommt Andrea Jäpel in Dresden raus. Chaos in der Leitung! Die Einsatzkräfte sind völlig überfordert.
Anfangs dämpft eine Brücke am Haus noch die Wucht des Wassers. Dann aber – gegen 23 Uhr – bricht die Brücke einfach weg. Die Familie ist zu dieser Zeit bereits auf den Dachboden geflüchtet. Immer wieder hören sie es krachen. Erst bricht eine Ecke des

Heldine Drechsler | Lichtenberg an der Freiberger Mulde

Wir wollten ans Wasser. Fünf Jahre lang hatten wir keinen Urlaub. Jede freie Stunde steckt im Haus. Nach fünf Jahren zum ersten Mal raus. An die See. Das hatte ich mir so gewünscht. Vergeblich. Nicht wir kamen ans Wasser. Das Wasser kam zu uns. Unser Haus, die ehemalige Ölmühle, liegt direkt an der Gimmlitz – hundert Meter von deren Zusammenfluss mit der Mulde entfernt. Wenn Freunde zu Besuch kamen, fragten sie oft: Habt ihr keine Angst vor Hochwasser? Wieso denn, habe ich dann geantwortet, wir haben doch die Talsperre. Da kann uns nichts passieren. Die hält jedes Hochwasser zurück.
Am Montagmittag trat die Mulde über die Ufer, schob sich langsam über die Wiesen. Am Nachmittag rief die Gemeinde an und fragte, ob wir Hilfe bräuchten. Ich hab das erst gar nicht richtig begriffen. Dann wurden die ersten Häuser gegenüber evakuiert. Jetzt drückte die Gimmlitz auch in unseren Keller. Ich habe gewischt, die Männer haben die Sachen in die Veranda geschleppt. In die Veranda! Konnte ja keiner ahnen,

Weesenstein

Glashütte

Schlafzimmers weg, dann das Schlafzimmer selbst. Voller Panik rufen die Menschen nach Hilfe. Andrea und Marcel hören auf einem Hügel gegenüber die Schreie. Und beobachten fassungslos, wie sich das Wasser ins Haus frisst. Wieder und wieder ruft Mutter Jäpel die Rettungsdienste an. Die Feuerwehr. Das Regierungspräsidium. Die Stadtverwaltung. »Bitte, bitte, wir brauchen einen Hubschrauber«, ruft sie in ihr Handy. Nichts passiert.

Die Küche von Oma Sieglinde. Das Bad, der Flur, das Wohnzimmer – nach und nach holt sich die Müglitz Jäpels Haus.

Die Menschen darin sind völlig übermüdet, nass, am Ende. Die Hilfeschreie versuchen das tobende Wasser zu übertönen. Dann schwinden die Kräfte. Die Oma will nicht mehr. Da bricht ein Teil des Daches – Heiko, Sieglinde, Ronny und Silvana Jäpel schaffen es gerade noch, auf eine Mauerkante zu klettern.

Es ist gegen fünf Uhr morgens und stockdunkel. Andrea und Marcel hören auf ihrem Hügel einen gewaltigen Krach – die Müglitz hat sich jetzt auch noch die Reste vom Dach geholt. Beide zucken zusammen und denken das selbe: Das war's! »Jetzt sind wir alleine«, flüstert Andrea Jäpel. Sie weint. Marcel ruft ein letztes Mal den Rettungsdienst an. Verbittert sagt er: »Ihr könnt vier Leute mehr auf die Vermisstenliste setzen.« Doch die Familie lebt! Als es dämmert, erkennt die Mutter vier Gestalten, die sich an die

dass die wenig später voller Wasser stehen würde.

Die Gimmlitz trat jetzt schnell über die Ufer. Vereinigte sich mit der Mulde. Direkt vor unserem Haus. Normalerweise misst die Gimmlitz kaum einen Meter. Und die Mulde ist vielleicht doppelt so breit. Am Abend stand das ganze Tal unter Wasser, ein See mehrere hundert Meter breit.

Jetzt stand schon ein halber Meter Wasser im Haus. Wir haben noch die Hasen gerettet. Dann sind wir geflohen. Hals über Kopf. Mein Mann ist am nächsten Tag zurückgekommen, in der Hektik hatten wir vergessen, den Schlüssel abzuziehen.

Dohna

Olbernhau

letzte Mauer des Hauses klammern. Angeschwemmter Sand hat wohl verhindert, dass auch sie noch kippt.
Dann endlich kommt ein Hubschrauber. Zuerst kreist er, dann lässt er ein Seil hinab. Doch die Eingeschlossenen haben keine Kraft mehr, kriegen die im Wind pendelnde Lebensversicherung nicht zu fassen. Ein Grenzschützer seilt sich ab. Zuerst holt er Oma Sieglinde. Dann den Rest der Familie.
Jäpels haben ihr nacktes Leben gerettet. Alles andere nahm die Müglitz mit. In den Trümmerresten fanden sie nur noch ein Portemonnaie und einen gerahmten Zeitungsartikel. »Der Text ist über Ronny«, sagt Andrea Jäpel, »der war mal Torschützenkönig.«
Noch wissen Jäpels nicht, ob sie nach Weesenstein zurückkehren. Nicht wegen der Nachbarn – »Die waren großartig«. Doch das Dorf ist tot. Der Schlosspark sieht aus wie eine Mondlandschaft. Die Straßen: weg! Gestank ausgelaufener Heizöltanks beißt in der Nase. Acht Häuser sind davongespült. Von den restlichen Gebäuden, so schätzt die Behörde vorsichtig, muss die Hälfte wohl abgerissen werden. »Vor den Kindern machen wir gute Miene zum bösen Spiel«, sagt Vater Jäpel.
Wenn er allein ist, kommen die Bilder.

Katrin Fiedler

Ich bin keine Expertin und ich halt mich da auch zurück. Vom Staumauer-Meister ist aber berichtet worden, dass der schon am Sonntag mit dem Ablassen der Talsperre beginnen wollte. So wie das geregnet hat, wäre ein Hochwasser bestimmt nicht zu verhindern gewesen. Aber es wäre bestimmt nicht so schlimm geworden, vor allem nicht für die Menschen weiter unten an der Mulde. Wissen Sie, was dem die Sächsische Talsperrenverwaltung gesagt haben soll, als der Staumeister am Sonntag dort anrief: Der Kubikmeter Wasser ist viel zu teuer, als dass man ihn so einfach mal den Bach runter laufen lässt.
Wir hatten ja noch Glück: Wir hatten Urlaub. Da war wenigstens genügend Zeit, alles aufzuräumen. Natürlich werden wir jetzt eine ganze Weile brauchen, bis wir die Schäden behoben haben. Vielleicht klappt's aber danach mal mit der Ostsee.

Brücken stauen

»Brücken verbinden«, heißt eine ziemlich gewöhnliche Volksweisheit. Eine andere sagt: »Brücken trennen«. Auch das ist einleuchtend. An Sachsens Gebirgsflüssen gibt es jetzt eine neue Erfahrung: »Brücken stauen«.
Zum Beispiel die Kirchenbrücke in Flöha. Lange wurde über ihre Sanierung diskutiert, Anfang des Jahres endlich damit begonnen. »Zur Verkehrsführung während der Bauzeit ist die Errichtung einer Behelfsbrücke (flussaufwärts) mit zwei Fahrspuren und einem Gehweg vorgesehen«, erläuterte der Baudezernent. Die Arbeiten sollten spätestens im Dezember abgeschlossen sein.
Daraus wird nun nichts. Die Wassermassen der Flöha haben sich am Montag so lange in die Beine der Behelfsbrücke gefressen, bis diese zusammensackte und sich wie eine Staumauer vor die Kirchenbrücke legte. Deshalb kam alles so schlimm für die Stadt: Manche Häuser standen knapp drei Meter tief im Wasser.
Zum Beispiel die Pöppelmannbrücke in Grimma. Um zu verbinden, hatte Zwingerarchitekt Matthäus Daniel Pöppelmann hier zwischen 1716 und 1719 eine trutzige Steinbrücke erbaut, die Anfang dieses Jahrtausends gerade frisch renoviert worden war. »Der liebe Gott hat's überall zwar gut und brav gemacht.

Klaus-Dieter Tschiche, Schulleiter | Grimma
Die Menschen sind Gott sei Dank mit dem Mechanismus des Vergessens ausgestattet. Das ist meine Hoffnung. Heute bin ich felsenfest davon überzeugt, dass ich den 13. August 2002 nie aus meinem Gedächtnis löschen kann. Aber wer weiß das schon. Vielleicht verblassen die Erinnerungen. Vielleicht werden sie mich aber auch noch viele Jahre quälen.
Im Jahre 1550 hatte Kurfürst Moritz von Sachsen die Fürsten- und Landesschule in Grimma gegründet, eine Einrichtung, die in der darauf folgenden Zeit große Vorbildwirkung zeigte. Unmittelbar nach der Wende wurde ich mit der Aufgabe betraut, diese traditionsreiche Schule – das Gymnasium St. Augustin – zu leiten. Mit Hilfe vieler Menschen ist es uns in 10 Jahren gelungen, der Schule ein prachtvolles Kleid überzustreifen. Viel Zeit, viel Liebe haben wir investiert. Und natürlich auch viel Geld.
Und dann kam die Nacht vom 12. zum 13. August. Innerhalb von drei Stunden hat unsere liebe gute alte Mulde sich in eine Bestie verwandelt. Eine Bestie, die unsere Arbeit von 10 Jahren in wesentlichen Teilen

FEUERWEHR
112
Sachsenfeld
IVECO
MAGIRUS

Die Nossener Feuerwehr, beim Einsatz überrascht

Die Freiberger Mulde in Nossen

Nossen, die Feuerwehr bei sinkendem Wasser

Doch unser liebes Muldental hat er absonderlich bedacht«, schrieb im 19. Jahrhundert der Belletrist Ferdinand Stolle. Diesmal jedenfalls war es absonderlich viel Wasser. Der Fels am rechten Ufer, die Stadt am linken – Pöppelmanns Brücke als Staumauer dazwischen. Die Mulde verstand dies als Einladung, die Straßen der Stadt – parallel zum Fluss verlaufend – in tobende Wildwasser zu verwandeln.

Zum Beispiel die Autobahnbrücke in Frankenberg. Im Zuge des Ausbaus der A 4 war die Mitte der 90er Jahre neu errichtet worden. Und technisch nach höchstem Standard dimensioniert. Doch was nützen die schönsten Berechnungen, wenn Wasser Gartenlauben, Bäume, Laternenpfähle mitführt, unter der Brücke quer stellt und so eine Staumauer errichtet. Über zwei Meter hoch stand das Wasser an den tiefer gelegenen Stellen in Frankenbergs Unterstadt. Der Maler August Macke schrieb einmal: »Die Sinne sind die Brücke vom Unfassbaren zum Fassbaren.« Unfassbare Wassermassen. Fassbare Zerstörung. Und Sinne, die eine neue Volksweisheit gebären: Brücken können Wasser stauen.

zerstörte. Wir waren vorgewarnt: »Hochwasser – so schlimm wie 1974«, hatte uns die Behörde gesagt. Wir nahmen das ernst, ergriffen angemessene Maßnahmen. Doch es kam alles ganz anders. Ein derartiges Hochwasser hat die Stadt Grimma in ihrer gesamten Geschichte noch nicht erlebt!

Mitternacht wurden die Internatsschüler evakuiert, gegen drei Uhr waren die Keller voller Wasser, um sechs Uhr konnte ich die Schule nicht mehr erreichen. Die umliegenden Straßen verwandelten sich in reißende Flüsse, mit normalen Booten nicht mehr befahrbar. Hubschrauber und später Boote der Bundeswehr mit starken Motoren holten die Menschen aus den Häusern und von den Dächern.

36 Stunden nach der großen Flut ging das Wasser genau so schnell zurück wie es gekommen war. Als einer der ersten ließ mich die Polizei zurück in die Innenstadt. Fürchterliches Erschrecken ob der Gewaltsamkeit der Natur! Tiefe Traurigkeit! Weinen bis zur Tränenlosigkeit. Wut wegen meiner Hilflosigkeit! Und natürlich auch die Frage: Wie konnte das so kommen? War wirklich keine bessere Vorwarnung möglich?

Grimma, Pöppelmannbrücke, Marktplatz und links die Fürstenschule

Die Zwickauer Mulde bei Wolkenburg

Die Flöha in Flöha

Wassersnot

Wie die Rote Weißeritz durchs Tal tobte – vor 105 Jahren

Ohne Unterbrechung peitscht der Regen die bereits faulenden Feldfrüchte noch vollends zusammen. Die Rote Weißeritz ist zum wilden Strome geworden. Pfeilschnell schießen schon die ersten Stämme und Bretter, Zäune und Hausgeräte auf dem erdbraunen Wasser talabwärts. Ganze Brücken folgen. Immer höher schwillt die Flut. Da springt sie aus dem Bett hinauf zur Straße. Hier läßt sich's schon besser eilen als im Schlangenlauf des Bachbettes. Die Masten der Fernsprechleitungen stürzen krachend in den gurgelnden Strom. Mit schrillem Klange zerreißen die Drähte und verschlingen sich zu unentwirrbaren Knäueln. Himmelan schwillt klagendes Gewimmer der Turmglocken. »Wassersnot!« ein Ort ruft es dem anderen zu.

Der Bärenfelser Müller ist einer der eifrigsten beim Rettungswerk. Eben will er nochmals über die bereits unterspülte Brücke, Menschenleben und kostbares Gut bergen zu helfen. Sie schwankt, stürzt, treibt ab, und in den gurgelnden Fluten verschwindet der brave Mann. Einer aus der großen Reihe jener Helden vom 29. und 30. Juli 1897. Bis an die Brust im Wasser stehend, schleppen dort mutige Männer halb zu Tode geängstigte Frauen aus einem

Volker Reimann | Flöha

Am Mittag bin ich unruhig geworden. Chef, hab ich gesagt, ich muss mal gucken gehen. Unser Haus steht direkt an der Flöha. Was Hochwasser betrifft, sind wir einiges gewöhnt. Wenn es aus dem Gully drückt, wird's meistens schlimm.

Gegen eins hat mich mein Chef nach Hause geschickt. Da lief es schon enorm aus dem Gully. Wir haben angefangen, Sachen aus dem Erdgeschoss nach oben zu räumen. Gegen vier ging dann alles ganz plötzlich. Binnen fünf Minuten stieg das Wasser einen halben Meter. Die Behelfsbrücke war zusammengebrochen, dann brach der Deich. Den Jungen habe ich durchs Fenster weggeschickt. Ich selber musste wenig später über die Terrasse fliehen.

Die Kinder aus der Kita gegenüber waren zuvor in die Grundschule weiter oben evakuiert worden. Aber auch die stand jetzt unter Wasser. Und weil alles so schnell ging, gab es keine Zeit mehr zu reagieren. Seit Montagabend waren die Kinder eingeschlossen. Niemand kam bei dieser Strömung ran. Erst am Mittwoch holte ein Hubschrauber die Kinder.

Die Freiberger Mulde am Kloster Altzella

Die Zschopau in Krumbach

überfluteten Haus. Das Wasser steigt fast zusehends. Wie ein Kartenhaus stürzen nach wenigen Minuten die Wände in sich zusammen. Gierige Schaumkrallen greifen danach und werfen hundert Meter weiter unten diese willkommenen Rammblöcke mit furchtbarer Wucht gegen die feste Steinbrücke. Die war dem Ungestüm schon längst ein Dorn im Auge. Pfeiler wanken, Bogen krachen; frei ist die Bahn. Auf zu neuem Wüten!

Da trotzt eine Scheune dem wilden Strome. Es knirscht. Hoch auf den Schultern wird sie von den tollen Wogen davongeschleppt. Wer weiß wohin? Leichteres Diebsgut schießt pfeilschnell an ihr vorüber. Möbel, Matratzen, Lauben, Betten, Hundehütten, Fässer, eine Wiege, Bretter und Balken. Unter Krachen und Bersten wird alles an der nächsten Steinbrücke zermalmt. Ein Trümmerhaufen wächst aus der braunen Flut. Unsichtbare Geister werfen von Minute zu Minute neuen Wust dazu.

Vor dem Schmiedeberger Eisenwerke stehen fünfzehn Doppelwagen mit Eisenstein beladen. Verbogene Schienen hängen nach Tagen in der Luft. Alles andere nahm die Flut hinweg. Die Wochenarbeit einer Pappenfabrik – Hunderte von Zentnern dicker Pappen – wird in wenigen Augenblicken entführt, verschwindet spurlos für immer. Zwischen Dippoldiswalde und Seifersdorf stauen sich die Wässer. Der wilde Strom wird zum Meere. Aus dem ragt die

THW-Helferin Ricarda Kreser | Lohr am Main

Dienstag, 13. August

Kurz vor Mitternacht ging es los. Wir fahren von Lohr in Richtung Dresden. Die Stimmung ist euphorisch, Aufregung macht sich breit. Ankunft in Grimma um 5 Uhr morgens. Es folgt direkt ein Einsatz in der Nachbarortschaft Bennewitz. Das Rückhaltebecken einer Kläranlage muss ausgepumpt werden. Wir retten Schweine und Schafe aus den Fluten und sichern Häuser am Deich sowie einen Gastank. Am Abend sind wir in der überfluteten Innenstadt von Grimma und holen per Boot Menschen aus ihren Häusern. Unsere 30-PS-Motoren haben Probleme, gegen die starke Strömung anzukommen, wir müssen uns oft an Fenstern festhalten, um nicht weggeschwemmt zu werden.

Mittwoch, 14. August

Wir sind zusammen mit dem Ortsverband Naila in Görlitz und haben den ganzen Tag Bereitschaft. Es wird eine Flutwelle aus Tschechien erwartet, die aber nicht kommt. Die Stimmung ist geknickt. Schließlich sind wir hier, weil wir helfen wollen.

Die Rote Weißeritz im Rabenauer Grund

Die Triebisch in Mohorn-Grund

Die Weißeritz in Freital

Rote Mühle hervor. Ein Teil des Dorfes Untermalter versinkt. Es scheint, als wollte der Bach mit diesem Stausee denen auf die Sprünge helfen, die sich bereits seit Jahren mit dem Plane der Errichtung einer Talsperre für die Rote Weißeritz beschäftigten und sich nie schlüssig werden konnten.
Sämtliche fünfzehn Brücken des Rabenauer Grundes werden ein Opfer des Stromes; der Grund selbst gleicht einer schauerlichen, vom wilden Gebirgsbach durchtosten Klamm. An seinem sonst so lieblichen Ausgange wuchten die Massen in breitem Schwall nach Coßmannsdorf. Die Bachgeschwister – die Rote und die Wilde Weißeritz – reichen sich hier zu gemeinsamer Wanderung durch Freital nach Dresden die Hände. Mit Wogenbraus und Sturzgetöse begrüßen sich die tollgewordenen Bergkinder. Die Wilde Weißeritz hat inzwischen ebenfalls ihrem Namen alle Ehre gemacht. Einen wahren Hexentanz wirbeln die beiden.
Deuben wird am härtesten heimgesucht. An die fünfzehn Häuser verschwinden vom Erdboden, weit über hundert gleichen Ruinen. Die Fluten schwellen innerhalb fünfzehn Minuten um einen Meter. Der steinerne Mittelpfeiler der Coschützer Brücke verschwindet im Strome. Donnernd bricht sie mitten entzwei. Wieder läßt ein braver Mann sein Leben für andere. Eine Witwe mit einer Schar Waisen beweinen ihren Vater und Ernährer. Der größte

Tom Richter | Dresden-Mitte | Umweltzentrum

Nacht von Montag zu Dienstag

Zu uns kam das Hochwasser durch die Gyllis. Unaufhaltsam drückte es in Keller und Küche nach oben. Nachdem zwei Pumpen besorgt sind, glaubte ich, des Wassers Herr zu werden. Trotzdem bleiben viele Mitarbeiter des Umweltzentrums über Nacht. Jener Nacht, in der die Weißeritz südlich über die Ufer tritt, sich ihr altes Bett sucht. Mit Macht stürzt sie auf das Umweltzentrum zu, innerhalb von Minuten ist die Straße überschwemmt. Autos treiben vorbei, der Hof läuft voll Wasser. Die Türen halten zwar die Flut noch einige Minuten zurück. Doch dann dringt sie unaufhaltsam ein. An Rettung der Einrichtungen und Geräte im Erdgeschoss ist nicht mehr zu denken. Auch an Flucht nicht.
Der Koch aus der Kneipe im Erdgeschoss hat dann einen Mann gesehen, der sich gegenüber am Kohlehandel hinter einem Stromkasten vor der Flut zu schützen suchte. Wir haben gerufen, gewunken, aber es kam keine Reaktion. 50 Jahre war er wohl alt. Und sichtlich verstört. Die Handys funktionierten zu dieser Zeit

Schicksalsschlag, ein herzzerreißendes, erschütterndes Trauerspiel bleibt dem Dölzschener Schmiedehaus vorbehalten. Dreizehn Menschen sehen ihren sicheren Tod im reißenden Wasser vor Augen. Wild wuchtet der Strom ums Haus. An Rettung der Unglücklichen ist gar nicht zu denken.
Eben spülte die Flut einen Tapferen hinweg. Die Nacht verdeckt den Jammer mit ihrem schwarzen Tuch, einem Leichentuch. Eine Wand nach der anderen stürzt ins Wasser. Ein Türgewände nur noch trotzt dem Wogendrang bis zum frühen Morgen. In Todesgrauen umklammert eine junge Frau die Türklinke, vom Strudel schon fast erreicht. Ein zartes Kind drückt sie an die Mutterbrust. Am Türpfosten kämpft ein Mann schier aussichtslos mit den wütenden Wellen. Diese drei nur können die tapferen Retter den Fluten entreißen. Zehnmal stieß der Tod in nächtlicher Stunde vom Schrecken entkräftete Menschen ins nasse Grab.
In Plauen springen die Wellen über die Eisengeländer der Brücken, unterhöhlen die Uferstraßen. Heimtückisch reißen sie einer Frau, die ihrem Kinde die Schrecknisse eines Hochwassers zeigen will, den Boden unter den Füßen weg. Nach Tagen wirft die Elbe die Leichen irgendwo ans Land. Dort kämpfen zwei starke Brauereipferde mit dem hochaufschäumenden Strome. Nicht lange währt der ungleiche Kampf. Vom eben erbauten stattlichen Rat-

noch, wir versuchten über die 110 Hilfe ranzuholen. Dort aber hieß es nur: Sie werden mit der nächsten freien Feuerwehr verbunden. Natürlich war uns klar: In absehbarer Zeit wird keine Feuerwehr frei sein. Wir haben dann aus der Werkstatt ein Kletterseil geholt – 50 Meter lang. Das knoteten wir am Hoftor fest und versuchten, uns auf die andere Seite vorzuarbeiten – ich in der Mitte, der Koch ganz vorn.
Die Weißeritz hatte aus der Schützengasse jetzt einen reißenden, tobenden Strom gemacht. Das Wasser ist unglaublich kalt. Aber irgendwie schafften wir es. Der Koch hat den Mann gepackt und sich mit ihm schräg über die Weißeritz zurücktreiben lassen. Die Fensterbänke boten gute Tritte, so gelangten wir zurück zum Hoftor. Dort haben wir den Mann dann hineingezogen.
»Geht schon«, war alles, was er lange Zeit später rausbrachte. Wir hatten ihn im Veranstaltungsraum in Decken gehüllt, versuchten die nassen Sachen auszuziehen. »Geht schon«. Er war völlig unterkühlt, hatte eine Stunde hinter dem Stromkasten ausgeharrt. Später erzählte er uns seine Geschichte: Er ist Rangierer,

Die vereinigte Mulde in Eilenburg

hause in Löbtau bricht die wasserseitige Hälfte in die Fluten. In Cotta – vor ihrer Mündung in die Elbe – setzen die tollen Wässer ihrem Zerstörungswerk die Krone auf. Fünf Häuser werden davongeschleppt und zermalmt. Nur das nackte Leben bringen ihre Bewohner im letzten Augenblick noch in Sicherheit. Aus den anderen bergen Soldaten und Feuerwehrleute eilends das Wertvollste. Bald gleicht Cotta einer Halliginsel im Meere und ist von Dresden und aller Welt abgeschlossen. Niemand kann es wagen, zu ihr vorzudringen.
Weit, weit fort schleppen die Elbfluten die Beute der beiden Gebirgskinder. Bis Meißen, Riesa, ja gar bis Hamburg tragen sie die traurigen Zeugen jener Schreckensnacht. Hier und dort setzen die trägen Fluten Möbel, Kisten, Balken, Pelzwerk und Hausrat auf den Strand. Eine noch deutlichere Sprache aber reden die schreckentstellten Züge der Leichen. »Wassersnot!«

Erich Fischer
aus Paulsdorf-Malter

in »Bunte Bilder aus dem Sachsenlande«, Sächsischer Pestalozzi-Verein, 1927, leicht gekürzt

war auf dem Weg zum Güterbahnhof Friedrichstadt.
Am Bahnhof Mitte überraschte ihn die Flut. Sie zog ihm die Beine weg. Er fand nirgends Halt, trieb bis vors Umweltzentrum.
Als wir wieder aus dem Fenster schauten, war der Stromkasten im Wasser verschwunden.

steigende Flut

Daran haben sich die Dresdner längst gewöhnt: Mehrfach jährlich kriecht die Elbe übers Ufer – ein bisschen jedenfalls. Das ist bedauerlich für die Touristen. Und lästig für den Arbeitsweg. Dann nämlich bleiben die Schaufelraddampfer am Ufer vertäut, das Terrassenufer wird gesperrt. Der ohnehin nicht eben flüssige Verkehr in Sachsens Kapitale wird noch zäher. Panta rhei – weil aber ansonsten alles fließt, ist klar: Das dauert nur ein paar Tage. Routine. Kein Problem.

Amtsdeutsch heißt dieser Dresdner Zustand »Hochwasser-Alarmstufe 1«. Oder einfach nur »Dreimeterfuffzig«. Obwohl die Elbe sommers hier normalerweise nur zwei Meter Tauchtiefe hat.

Selbst fünf Meter hohes Wasser – Alarmstufe 2 – versetzt in Dresden niemanden in Panik. Was aber, wenn diese Marke schon erreicht ist, bevor der große Regen einsetzt?

Am Montagnachmittag rennt der Bundesaußenminister durch die Stadt. Joschka Fischer liebt es, Wahlkampf per pedes zu machen. Es regnet, regnet, regnet. Wobei das nicht präzise ist: Es schüttet, schüttet, schüttet. Vielleicht ist Fischer dem Wasser nicht gewachsen. Vielleicht haben seine mitjoggenden Begleitschützer schlechte Nachrichten parat. Vielleicht dämmert es Fischer aber auch, dass die Dresdner jetzt andere Sorgen haben als die Bundestagswahl. Er bricht seine Trainingsrunde ab, der Wahlkampf fällt ins Wasser.

Zu diesem Zeitpunkt wüten weiter oben schon die Fluten.

Mit der wild gewordenen Weißeritz kommt am Abend dann eine Vorahnung ins Tal: Panta rhei – alles fließt, und zwar zu uns.

Bad Schandau, Pirna, Dresden, Meißen – die Elbestädter bekommen nasse Füße. Erstaunlicherweise ist es nicht der große Fluss, der den Takt der Ereignisse bestimmt. Triebisch, Müglitz, Kirnitzsch – es sind die kleinen Bäche, die zu Strömen werden. Der Dresdner Hauptbahnhof wird zur Wildwasserstufe vier. Die Elbe ist daran ganz unschuldig.

Sechs Meter Wasserstand am Dienstag, sieben Meter am Mittwoch, der Fluss wächst jetzt unheimlich. Nicht nur für die, die sonst den Elbe-Blick genießen: Längst drückt das Wasser durch die Kanalisation, kriecht vom Grund herauf in die Keller. Selbst Kilometer weit vom Elbufer entfernt, beginnt ein nervenzerreibendes Spiel. Säcke voller Sand der Einsatz, Zentimeter der Gewinn. Am Mittwoch dann Aufatmen: Die Elbe sinkt. Das Gröbste scheint geschafft.

Panta rhei – alles im Fluss und zwar in Prag bei einem Wasserstand von zwölf Metern. Geisterhafte Bilder vom Flussoberlauf. Das Gröbste scheint geschafft?

Anhand von Tagebuchaufzeichnungen der Krisenstäbe – Stadt oder Land – werden hier die Geschehnisse der folgenden Tage erzählt. Mittelpunkt der Handlung hätten Bad Schandau, Pirna, Heidenau ebenso sein können wie Meißen, Riesa oder Torgau. Mittelpunkt ist aber Elbflorenz – das sich mit Atlantis und Vineta duelliert.

Donnerstag

15. August 2002

Dresden

Das Wasser steigt. Hochgedrückter Gullydeckel am Terrassenufer

Der Tag beginnt mit einem Pegelstand von knapp 7,50 Meter. **Der Deich in Gohlis** muss nach Mitternacht aufgegeben werden. Zuletzt drang immer mehr Wasser durch,

Die Weißeritz in der Altstadt

schwemmte die Sandsäcke auf, drohte zu bersten. 200 Dresdner waren zuvor in Sicherheit gebracht worden. **Seit Mitternacht verhandelt** die Polizei mit Einwohnern von

Es ist wie im Krieg

Es war wieder ein Anruf meiner Mutter, wieder jener Tonfall, bei dem mir der Atem stockt und wieder der Satz: »Hast du Nachrichten gehört?« Nicht zum ersten Mal erfahre ich von Katastrophen auf diese Art.

Was soll ich den Fernsehbildern hinzufügen? Dass ich Dresden und die Adressen von Freunden neu beurteile, diesmal nach geschätzten Metern über dem Meeresspiegel? Dass ich mich dafür interessiere, wo sich die Kläranlagen, die Wasser- und Elektrizitätswerke befinden?

Mit dem Telefon vor dem Fernseher: Was zu sehen ist, ist grausam, was ich höre, kann damit nicht konkurrieren. Und dann gibt es die »Anschlüsse« ohne Rufzeichen und jene, wo niemand abnimmt. Es ist wie Krieg, sagt ein Freund. Das ist der häufigste Vergleich, ich will widersprechen, aber selbst jene, die ihn als Kinder miterlebt haben, gebrauchen diesen Vergleich. Die Brücken sind gesperrt, fast wäre er nicht mehr nach Hause gekommen. Als er den Ausweis zeigte, durfte er als einer der letzten passieren.

Die Leute laufen aufgeregt herum, mit Rucksäcken, als wären sie Touristen. Wir verstehen uns schlecht, weil Hubschrauber über das Haus fliegen. »So ist es schon die ganze Zeit«, unaufhörlich

Lutz Stellmacher | Dresden-Laubegast

MITTWOCH, 14. AUGUST

Ich hatte den Wecker auf 3 Uhr gestellt, um zu schauen, wie weit das Wasser ist. Es ist gefallen. Und auch der Strom ist wieder da. Ich bin erleichtert. Aber auch enttäuscht. Schließlich hatte ich am Vorabend Dichtungen gebaut. Hätte gern gewusst, ob die halten. Vormittags rufe ich auf Arbeit an. Es ist mir etwas peinlich, dass ich zu Hause bleibe. Immerhin bringt mich das in den Genuss eines Mittagessens mit Marion und den Kindern. Wann hat man das schon mal – mitten in der Woche.

Dann aber steigt das Wasser wieder. Meine Dichtungen kommen mir plötzlich gänzlich lächerlich vor – ich fahre nochmal zum Baumarkt. Die Nachbarn haben sich Sandsäcke organisiert. Ich fahre auch auf die Lohrmannstraße, es gibt 20 Stück. Beim Einschaufeln helfen Freunde, ich freue mich, so liebe Sandsäcke müssen ja wohl nützen. Der Pegel steht bei 7,15 Meter. Am Abend kommt das THW. Die Fährstraße wird plötzlich von Helfern, Lastautos, Sandsäcken bevölkert. Eine aufgekratzte, abenteuerliche Stimmung.

Niedergohlis. Sollte der Damm brechen, bestehe Lebensgefahr. Erst am Vortag waren die Menschen zurückgekehrt, wollen jetzt aus Angst vor Plünderungen nicht gehen. Einer, der nicht gehen will: Minister Matthias Rößler. **Die Deutsche Presse-Agentur** veröffentlicht ein Gespräch mit Ministerpräsident Georg Milbradt. »In einigen Landesteilen hat die Flut ein Jahrzehnt erfolgreicher Aufbauarbeit zunichte gemacht«, sagt Milbradt. Findet aber auch Positives: »Die Solidarität der

Sachsen untereinander ist überwältigend«.
7,60 Meter erreicht der Pegel in den Morgenstunden. Die Elbe steigt jetzt stündlich um fünf bis acht Zentimeter.
9 Uhr ordnet der Krisenstab die Zwangsräumung von Niedergohlis an. Die Polizei hat zwischen Elbe und Dresdner Straße eine aufgebrachte Menge gegen sich.
Zwangsgeräumt wird auch die Augustusbrücke. Hier hatten die TV-Stationen ein Heerlager von Sendeplätzen errichtet – des schönen Panoramas wegen.

Blaulicht, Sirenen. Als sie wieder Wasser und Strom hatten und auch der Fernseher wieder ging, hatten sie geglaubt, das Schlimmste wäre überstanden gewesen. Sie warten auf den Sohn, der seit dem gestrigen Nachmittag »im Einsatz« ist.
Wir sprechen über Häuser und Restaurants, in denen wir zusammen gewesen sind, die es vielleicht nicht mehr gibt, Orte, die in meinem Manuskript stehen und historisch zu werden drohen. Was bedeutet es, wenn man alles verliert?
»Das Hochwasser ist erst der Anfang«, sagt eine Freundin. Angst macht die Geschwindigkeit der Elbe. So schnell ist sie noch nie geflossen. Während wir reden, läuft Wasser in ihre Straße. »Das Wasser ist erst der Anfang«, wiederholt sie.
Sie weiß nicht, ob sie die gefüllte Badewanne ablaufen lassen soll oder nicht. Sie sagt, dass sie das geborgte Buch einpacken wird, nicht zum Lesen, nur damit nichts passiert.
Wir versuchen zu lachen. Sie ist müde, der Krach draußen hat sie überhaupt nicht schlafen lassen. Dann klingelt es, und nun muss sie auflegen. Draußen wartet ein Polizeiwagen.

Ingo Schulze

Der Kneipier vom Fährhaus schenkt Freibier aus. Hat er auch nötig, er ist am dichtesten dran. Sandsäcke vom Auto runter, Kette bilden, zack, zack, zack. Dazwischen Wartepausen, die Fahrzeuge kommen nicht hinterher mit Anliefern. Wartepausen, in denen man dem bislang unterkühlten Nachbarn näher kommt. Das Wasser steht jetzt bei 7,40 Metern. In Altlaubegast und auf der Fährstraße wachsen zwei wirklich sehr schöne Dämme. Dann sagt einer: Nicht nur an die Straßen denken! Was ist mit den Gärten zwischen den Häusern? Das THW weiß keine Antwort, sie kommen aus Dessau. So fangen wir mit dem Dammbau auch zwischen den Häusern an. Gegen Mitternacht ist die Lücke einigermaßen dicht. Um dann festzustellen, dass das danebenliegende Grundstück auch eine solche Lücke hat. Der THW-Chef besichtigt das. Und winkt ab. Selbst wenn die Sandsäcke der Elbe trotzten, das Wasser würde durchs Haus und den Gully drücken. Am Fenster steht eine Leiter. Eine alte Frau hat sich ins Obergeschoss geflüchtet. Nein, sie will ihr Haus nicht verlassen. Wenn es ernst wird, hole sie schon ihr Bruder. Das Wasser steht jetzt bei 7,45 Meter.

St. Petersburger Straße

Loschwitz

Die krisentaugliche Stadt

Schon einmal habe ich meine gemütvollen Landsleute kaum wiedererkannt. Zum Beispiel meinen Nachbarn. Der ältere Herr, längst Rentner, beschäftigt sich die meiste Zeit seines Lebens im Garten: Hecke schneiden, Laub rechen, Unkraut jäten und abends ein Bier. Nichts deutete auf einen subversiven Zug in seinem Charakter. Doch im Oktober 1989 blieb das Herbstlaub liegen. Hitzig trommelte er die Gartennachbarschaft zusammen: »Wir brauchen jetzt jeden«. Ich sah ihn auf der Straße. Aus vollster Kehle schrie er gegen alle »Rooden« an. Als das Ziel erreicht war, kehrte er in seinen Garten zurück.

Es scheint, als erlebten die Dresdner Ausnahmesituationen mit Lust. Plötzlich stehen Wildfremde zusammen und kommen ins Gespräch. Teenager, Rentner, Alternative oder Schlipsträger bringen sich gegenseitig auf den neuesten Stand. Wer hat was gesehen? Und wo? Die Stadt wird zur Quasselbude. Zur Lust an der Ausnahmesituation gehört auch der Stolz auf das Erlebte. Unser Strich auf dem Hochwasser-Balken wird natürlich der höchste!

Die Dresdner bewahren ihre Contenance auch im Desaster. Das ist Markenzeichen. Trocken benennen sie ihre Stadt in »Elbvenedig« um. Von »Wassergrundstücken« ist die Rede und von den jetzt

Tom Richter | Dresden-Mitte | Umweltzentrum

DONNERSTAG, 15. AUGUST

Das Weißeritzhochwasser geht am Vormittag zurück. Ich kann in Gummistiefeln trockenen Fußes aus dem Haus. Jetzt werden die Schäden sichtbar: Zerschlagene Scheiben, zerstörtes Mobiliar, abgeschwemmter Lehmputz, Schlamm und Nässe in allen Lebensmitteln der Verkaufsstelle. Der Fluss hat mit unvorstellbarer Kraft getobt. An der Gloria – der Skulptur im Innenhof – zeichnet sich der Wasserhöchststand deutlich ab.

Wir beginnen mit dem Saubermachen. Vor allem Stühle und Tische werden grob gereinigt. Zum Glück scheint die Sonne. Wir haben im Hof ein Podest gebaut, wo wir die Sachen stapeln, zum Trocknen. Dann aber beginnt das Wasser wieder langsam zu steigen. Diesmal kommt es von der Elbe. Ich bin ziemlich fertig. Jetzt geht alles wieder von vorne los.

CDU-Chefin Angela Merkel fordert in der Tageszeitung »Die Welt«: »Mit der Not der Menschen darf kein Wahlkampf gemacht werden«. Um anschließend selbst Wahlkampf zu machen: Umweltminister Jürgen Trittin schmücke sich mit Lorbeeren, die er selbst nicht erworben habe.

Fünf Schubkähne reißen sich gegen 9 Uhr in Děčín los. Sie treiben führerlos Richtung Bad Schandau. 16 Kilometer sind es bis zur Brücke – 16 Kilometer Zeit zum Handeln.

Zuvor waren bereits zwei Pontons gegen die Schandauer Brücke geprallt – vermutlich hatten sie sich in Schmilka losgerissen. Experten prüfen jetzt, ob die Brücke gesperrt werden muss.

Münzgasse

Flughafen, Evakuierung von Patienten der Universitätsklinik

9.30 Uhr erklärt der Krisenstab, das Krankenhaus Neustadt »wird gehalten«. Es sei keine Evakuierung vorgesehen. Und Probleme mit dem Trinkwasser bestünden auch keine. **Dafür sind** jetzt großflächig Straßen gesperrt: in Kleinzschachwitz, Zschieren, Laubegast, Kaditz, Niederwartha. **Um 11 Uhr** erreicht der Pegel die Marke 8 Meter – viermal höher als der Normalstand. **Jörg Kachelmann,** Chef des Wetterdienstes Meteomedia, nennt erstmals einen Wasserstand, den sich keiner

möglichen »Seebestattungen« – auf überfluteten Friedhöfen.
In die Krise mischt sich auch ein Hang zur Anarchie. In der Hochwasserwoche rasten plötzlich Pick-ups, überladen mit Menschen und Sandsäcken in der falschen Richtung durch Einbahnstraßen. Verbotsschilder und Ampeln, wenn sie noch funktionieren, zählten nichts mehr. Dämme, die von der Stadt schon aufgegeben wurden, stapelten die Bürger selber weiter. Ganze Straßenzüge entgingen so der Flut. Und wenn es den Dresdnern reicht, dann organisieren sie sich selbst. Besser als viele andere wissen sie, wie schnell der Staat scheitert. Auf den Sandsackwällen fanden sich spontan Ersatzkrisenstäbe, das Volk berief seine Chefs selbst. Die dann akzeptiert wurden, wie einstmals die Ordner des Neuen Forum, die bei den Montagsdemonstrationen Grünflächen vor trampelnden Massen schützten.
»Wir brauchen jetzt jeden!« Auch dieses Mal trommelte mein Nachbar. Inzwischen ist er ziemlich klapprig. Dennoch stürzte er sich in die sandsackschaufelnde Schar – erregt, verbissen, nicht wiederzuerkennen. Inzwischen ist mein Nachbar zurück im wahren Leben: Hecke schneiden, Laub rechen, Unkraut jäten und abends ein Bier.

Marius Zippe

THW-Helferin Ricarda Kreser | Lohr am Main
DONNERSTAG, 15. AUGUST
Wir versorgen den ZDF-Übertragungswagen, der vor der Semperoper steht, mit unserem Stromaggregat. In der Semperoper setzen wir eine Hannibal- und drei Wilopumpen mit einer Pumpleistung von insgesamt 10 000 Litern pro Minute ein, um das Gebäude vom Wasser zu befreien. Es gelingt uns zunächst, den Pegel zu halten, aber in der Nacht werden wir gezwungen, aufzugeben. Die Enttäuschung ist groß.

in Dresden vorstellen kann: Über 9 Meter seien möglich.

In Pirna sind weitere Bereiche evakuiert, die Altstadtbrücke ist gesperrt. Hier rechnet der

Krisenstab mit einem Überschreiten der 11-Meter-Marke am Abend. Allein zwischen Dresden und Pirna wurden 3000 Menschen evakuiert. Die Evakuierungen dauern an.

Das Innenministerium gibt bekannt, dass ein erstes Todesopfer unter den Helfern zu

beklagen ist. Bereits am Montag war der 35-jährige Feuerwehrmann von einem im Wasser treibenden Auto unter die Fluten gedrückt worden und ertrunken. **Tschechischen Spezialisten** gelingt es, die auf der Elbe treibenden Boote kurz vor

Erreichen der Grenze zu sprengen.
Die Sächsische Regierung beschließt ein Sofort-Hilfe-Programm. Betroffene Haushalte sollen bis zu 2000 Euro erhalten. Dies gelte für

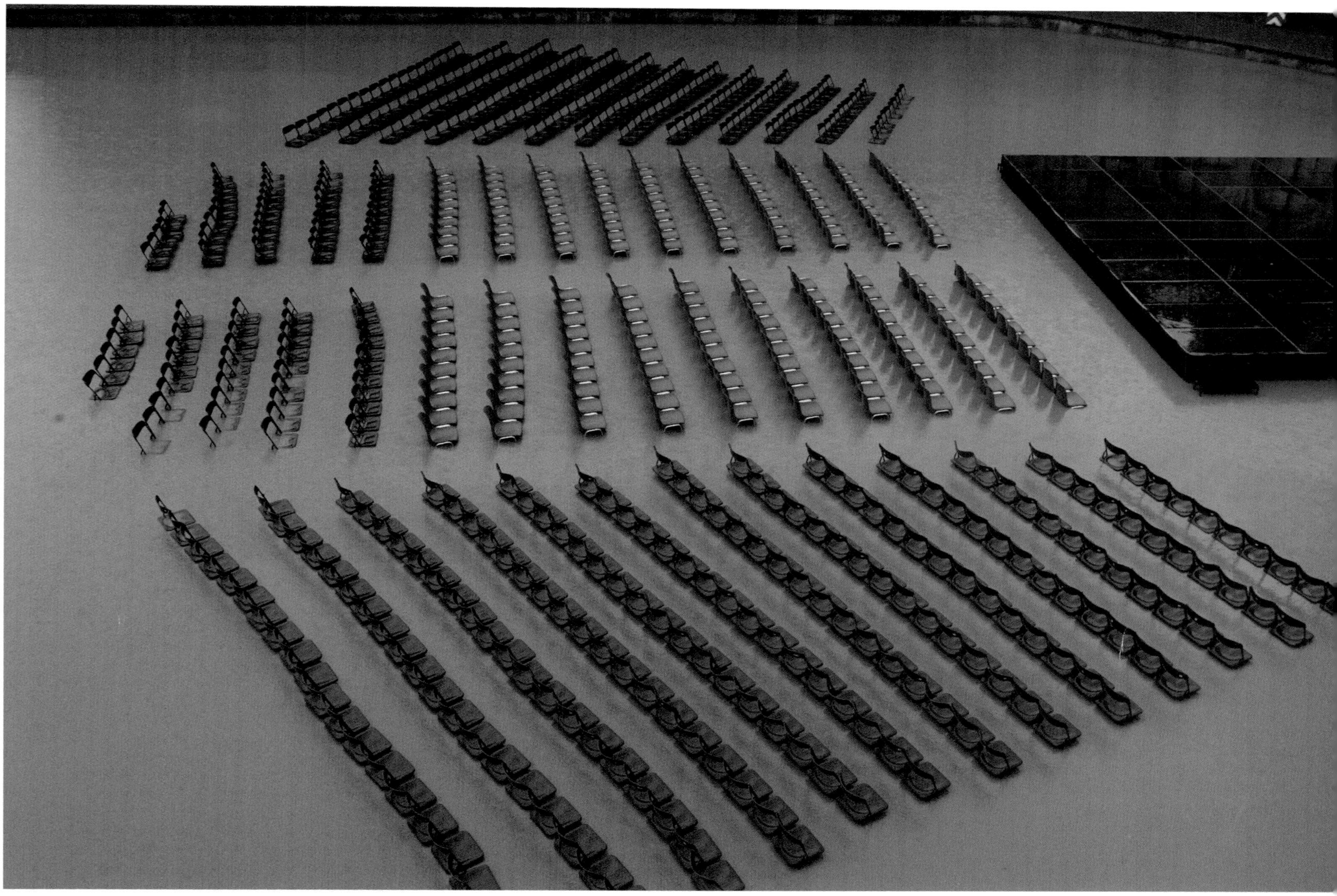

nicht versicherte Schäden über 5000 Euro und nur für Haushalte mit weniger als 40000 Euro Jahreseinkommen, teilt die Staatskanzlei mit.
Gegen 12 Uhr übersteigt der Pegel die 8 Meter-Marke. Prognose für 15 Uhr: 8,10 bis 8,30 Meter.

Prießnitzstraße in der Neustadt

Mit Hochleistungspumpen versucht das THW das Grundwasser aus dem Keller der Frauenkirche zu pumpen. Die Dresdner haben einen Sandsackdamm errichtet, um die Baustelle zu sichern. **Mit Bundesumweltminister** Jürgen Trittin

Münzgasse im Stadtzentrum

fliegt um 13.45 Uhr der zweite hochrangige Bundespolitiker in Dresden ein. Innenminister Otto Schily war schon zwei Tage vor ihm hier. Erstmals fällt das Stichwort Spolana.

Das Gelände der tschechischen Chemiefabrik war um 3.00 Uhr evakuiert worden. Dort, so Jürgen Trittin, lagern 250000 Kilogramm Quecksilberverbindungen – eine Gefahr für die Umwelt.

Teile von Altkaditz werden evakuiert.

Schon gestern war das Krankenhaus Friedrichstadt völlig geräumt worden, jetzt folgen Schwerkranke aus verschiedenen anderen Krankenhäusern der Stadt. Vom Säugling im Inkubator bis zum älteren Beatmungs-Fall – etwa 150 Patienten von Intensivstationen werden per Hubschrauber zum Flughafen Klotzsche geflogen, von dort mit fünf Transall-Maschinen der Bundeswehr nach Berlin, Köln und Leipzig. **Bis zum Abend** folgen weitere 260 Schwerkranke auf gleichem Weg. Für 460 Liegend-

Nehmt ihr uns auf?

Sitze zur Zeit im Erzgebirge, während unten im Elbtal noch immer das Wasser steigt. Vor wenigen Tagen erst – es scheint mir schon viel länger her zu sein – fraßen sich hier die Gebirgsflüsse wie mit Preßlufthämmern in die Erde ein. Auch unser Häuschen umrannten und umspülten, von den brutal verdichteten Feldern her, mehrere Flüsse und Flüßchen, um wenig weiter unten in die Häuser einzudringen und schließlich unter dem plötzlich berühmten Namen Weißeritz den Dresdner Zwinger zu besuchen. Dann, gestern, früh 7.00 Uhr die erste weinende Stimme aus Dresden-Kleinzschachwitz: »Nehmt ihr uns bei euch auf?« Und heute morgen vier Uhr die letzte Einquartierung; mein Bruder mit Frau, gerade noch so mit dem Moped aus dem unterdessen von Wasser umschlossenen Kleinzschachwitz entkommen.
Da, wo vom Haus meines anderen Bruders sicherlich nur noch der Giebel zu sehen sein wird. Doch während ich das notiere, wird unter meinem Fenster geschnattert, gegessen und mit den Kindern Verstecken gespielt. Und schon melden wir uns am Telefon mit: »Auffanglager Beerwalde«. Die Katastrophe als Möglichkeit plötzlichen Miteinanders. Als Gelegenheit, aus dem Trott auszubrechen. Obwohl wir dergleichen, auch, um das tatsächliche

Lutz Stellmacher | Dresden-Laubegast

Donnerstag, 15. August

Um 5 Uhr steht das Wasser vielleicht 15 cm an unserem Damm. Das bedeutet einen Pegel von 7,50 Metern. Unser Haus ist 30 Meter entfernt. Die Leute machen mir Mut: Sollte die 8-Meter-Marke nicht schon 1 Uhr überschritten werden? Es wird wohl doch nicht so schlimm. Hundemüde falle ich ins Bett.
Gegen 6 Uhr klingelt es Sturm. Ich brauche lange, um zu mir zu kommen. Polizei. Vorbereitung zur Evakuierung. Wieviel Leute im Haus? Bereithalten! Mein Blick prüft den Damm. Die Elbe drückt jetzt 30 Zentimeter hoch dagegen. Er scheint zu halten. Das Haus aufgeben? Die Nachbarn wollen bleiben. Fingers gegenüber auch.
Wir frühstücken, versuchen Alltag. Dann meldet sich Freund Marco, der bei der Wasserwirtschaft arbeitet. Kurz angebunden erklärt er, dass sich der Wasserscheitel nur verzögert. Er rät: Rette sich, wer kann. Ich bin sehr müde und plötzlich sehr leer. Was soll ich denn tun? Marion schlägt vor, den Kühlschrank auszuräumen. Der Gefrierschrank ist aber zu voll. Ich befürchte

Unglück nicht zu bagatellisieren, voreinander nicht zugeben dürfen. Mich selbst hat gestern Nachmittag nichts mehr hier oben gehalten; an den Polizisten vorbei habe ich mich nach meinem alten Kleinzschachwitz geschlichen, das seltsam sonntäglich und still auf mich wirkte, da es zum großen Teil schon evakuiert gewesen ist. Und als ich den Fluß sah, dachte auch ich: »Das kann doch nicht wahr sein« – eine Formel der Sprachlosigkeit. Vielleicht auch, weil der Fluß so erstaunlich langsam und selbstverständlich vorüberfloß: als hätte er sich nur in sein altes Recht eingesetzt, als flösse er schon immer derartig breit an den nun sehr weit entfernten Elbhängen entlang. Wobei mein Verstummen wohl auch diese Angst einschloß, die wir ebenfalls voreinander nicht zugeben dürfen: Daß es zu Ende gehen wird mit unserer privilegierten, gleitenden Lebensweise. Und daß der Alptraum von der Schönen Neuen Welt noch von dem Alptraum übertroffen werden könnte, daß die Schöne Neue Welt niemals kommen wird. Doch während unter meinem Fenster geschnattert und gegessen wird und die Kinder spielen, hält der Nachbar drei Häuser weiter mit der Mähmaschine seinen Rasen kurz, als wäre nie etwas geschehen.

Thomas Rosenlöcher

sein Auslaufen und denke an das schöne neue Parkett. Marion hat mir zum Geburtstag extra eine Bohnermaschine geschenkt. Sie hängt jetzt Wäsche auf, bangt, dass die in der Waschmaschine schimmeln könnte. Ich gieße die Blumen – wer weiß, wann wir wiederkommen können. Ich streichle noch einmal die Wände, und schließe ordentlich ab. Und dann muss ich plötzlich heulen.

Patienten werden Hotelbetten bestellt. **Mit der Marien-** und Augustusbrücke werden erste Brücken für den Verkehr gesperrt. **Die Helfer lassen** den Deich in Niedergohlis absichtlich überlaufen, um von hinten den notwendigen Gegendruck aufzubauen. So soll der Deich stabiler werden. **Die Stromversorgung** in den überfluteten Gebieten bricht am Nachmittag zusammen. **1 200 Beamte** von Feuerwehr und Polizei sind jetzt im Einsatz, dazu 400 Soldaten und

Ferdinandplatz in der Innenstadt

etwa 3 000 Helfer aus dem gesamten Bundesgebiet. Unüberschaubar die Zahl der helfenden Dresdner.

Rund 30 000 Einwohner aus Pirna und Heidenau sollen ihre Wohnungen verlassen. Die Bergung der Bewohner durch die

Bundeswehr werde am Abend eingeleitet, erklärt Staatskanzleichef Stanislaw Tillich. **Die Nachrichtenagentur AP** meldet gegen 20 Uhr, dass die

US-Armee vor Ort ist und Zeltstädte für Evakuierte aufbaut. Die Meldung ruft bei der amerikanischen Presse – dort sind noch mindestens fünf Stunden Zeit bis Redaktionsschluss – einen gewaltigen Wirbel hervor. Allerdings: Sie ist falsch.

Der Pegel passiert um 21 Uhr mühelos die Marke von 8,50 Metern.

Jetzt wird das Krankenhaus Neustadt doch evakuiert. Ebenfalls evakuiert werden Teile von Kaditz.

Die Sprengung eines Zuliefergleises für das Frühgemüsezentrum in der Flutrinne wird vom Krisenstab erwogen. Auch die Sprengung der Eisenbahnbrücke ist im Gespräch. **Ministerpräsident Georg Milbradt** erklärt Bundesumwelt-

minister Jürgen Trittin zur unerwünschten Person in Sachsen. Wer hier »Wahlkampf machen will« sei »nicht willkommen«, sagt Milbradt am Abend. Er habe den Eindruck, Trittins Besuch habe nicht dazu gedient, die Bevölkerung zu beruhigen.

Nach Milbradts Erkenntnissen gehe von der Chemiefrabrik Spolana keine Gefahr aus. **21.40 Uhr bittet** die Stadtverwaltung ihr Volk um Hilfe: Im Bereich Kaditz/Mickten werden dringend Helfer zum Abladen von Sandsäcken benötigt.

Freitag

16. August 2002

Dresden

Vier Zentimeter pro Stunde steigt jetzt der Fluss. Die letzte Messung stammt von 23 Uhr: 8,61 Meter. **Die ganze Nacht** über läuft die Evakuierung der Pflegeheime. Das Krankenhaus Neustadt ist vollständig

Helfer in der Lohrmannstraße und der Innenstadt

Irgend etwas tun

Julius und Sebastian Hempel wollen nicht aufgeben. Auch jetzt noch nicht, da sie fast nichts mehr machen können. Alles steht voll brackigem, braunem Wasser. Es ist Freitagmittag, der fünfte Tag der sächsischen Sintflut. Das Wasser, das penetrant nach schwerem Öl und Dreck stinkt, steht schon fast bis zum Rahmen der Haustür der kleinen orangegestrichenen Kate.

»Ich will einfach nicht zugucken, wie die Bude absäuft«, sagt der 31 Jahre alte Bildhauer. Er kann nicht aufgeben, er muss irgend etwas machen – auch wenn schon alles voll gelaufen ist und die Schäden längst unvorstellbare Größen haben.

»Wir haben wirklich gekämpft wie die Blöden«, sagt Julius leise und blickt zu Boden. Auch wenn es nun umsonst war – »Wir bereuen nicht, dass wir so gekämpft haben!« Um den Verlust zu begreifen, wird er noch Zeit brauchen. Wie die meisten Betroffenen in Dresden.

Das Haus seines Zwillingsbruders und eines Freundes, um das Julius drei Tage kämpfte, war bis zum Donnerstagabend ein imponierendes Schmuckstück, das vor einem Jahr bei der Einweihung auch deshalb besondere Bewunderung abverlangte, weil die Bewohner mit kleinen Kindern fast alles sorgfältig und kunstvoll

Lutz Stellmacher | Dresden-Laubegast

FREITAG, 16. AUGUST

Wir haben gestern Laubegast beim Pegelstand von 7,60 Meter verlassen. Wie Flüchtlinge ziehen wir über die Salzburger Straße, die Fahrräder mit Hab und Gut bepackt. Untergekommen sind wir bei Freunden in Seidnitz. Zum Glück ist hier genug Platz. Trotzdem steht man sich ohne Ziel und Sinn ständig selbst im Weg. Kein Gespräch, das sich nicht um das Hochwasser dreht. Mein kleiner Sohn ist ziemlich verstört. Am Abend steht das Wasser bei 9,27 Metern. Tendenz steigend. Große Teile Laubegasts müssen unter Wasser stehen. Wer aber interessiert sich jetzt noch für Laubegast.

geräumt, aus dem Uniklinikum sind alle liegenden Patienten in Sicherheit gebracht worden. **Der Sandsackdamm** zwischen Schloss und Elbe bricht. Die Helfer müssen weichen, das Wasser steigt bis zum Taschenbergpalais. **Augustus- und Flügelwegbrücke** sind komplett gesperrt. »Wir bitten alle Dresdner, auf ihrer Elbseite zu bleiben, da wir nicht garantieren können, dass die anderen Elbbrücken offen bleiben«, sagt der Oberbürgermeister. **Die Feuerwache** Übigau wird auf das Gelände des Landeskriminalamtes verlegt. **Der höchste Pegel,** den Dresden je erlebte, ist 3.20 Uhr erreicht: 8,77 Meter. Der bisherige Rekord stammt vom 31. März 1845.

Freitag

16. August 2002

Dresden

Am Diakonissenkrankenhaus

Am Alberthafen

Die Einsatzzentrale ordnet die Evakuierung in Radebeul-Nauendorf an, 1000 Menschen müssen ihre Häuser verlassen. Um Radebeul zu entlasten, wird die Flutung des tiefer gelegenen Einkaufscenters Elbepark angeordnet. **Nicht mehr ausschließen** kann jetzt der Krisenstab einen Pegel von 9 Metern. Die Evakuierung von Übigau, Mickten und Laubegast wird eingeleitet. **Die Eisenbahnbrücke** über die Flutrinne wird nun doch nicht gesprengt – zumindest vorerst nicht.

selbst ausgebaut haben. Jede freie Minute hatten sie hineingesteckt in das denkmalgeschützte Haus gleich hinter dem »Blauen Wunder«. Jede freie Minute, und natürlich jeden übrigen Pfennig. Eben ein Beispiel dafür, was Leute schaffen können, die sich auch ohne viel Geld einen Traum verwirklichen.

Keiner hätte bis zum Montag gedacht, dass ihr Haus von der Elbe überschwemmt werden könnte, die in normalen Zeiten einen weiten Fußweg entfernt entlangfließt. Auch in dieser Woche gab es für die Hempels keine Warnung, niemand hat ihnen gesagt, dass sie sich wappnen sollten. Aber die Familien haben nicht gewartet, sondern schon am Dienstag angefangen, ihr Haus mit Paletten, Planen und Sandsäcken abzusichern. Eine kluge Konstruktion war das, die so angelegt war, dass die Brühe sogar noch bei gut über acht Metern Höhe abgelaufen wäre. »Als wir den Wall aufgebaut haben, erklärten uns alle noch für bekloppt«, sagt Julius. »Hier käme die Elbe doch nie hin.«

Ohne Unterlass schleppten sie erst mal alles in die oberen Stockwerke, nahmen die wertvoll restaurierten Fenster und Türen heraus. Dann begannen sie den Sandwall zu verteidigen. Der ganze Freundeskreis half mit. Und dann sind auch noch wildfremde Leute einfach dazugekommen, die von der Brücke herunter diesen stundenlangen Kampf gesehen haben. »Wahnsinn«, sagt Julius,

Antje Münden | Bürgertelefon des Krisenstabes

FREITAG, 16. AUGUST

Ich bin eine Freiwillige, sitze am Telefon und höre mir die Sorgen der Leute an. Ziemlich schnell kategorisiere ich die Anrufer: die eine Sorte sind Betroffene, die andere sind Wichtigtuer. Die Betroffenen sprechen gehetzt, man kann richtig hören, dass sie in Not sind oder gerade etwas Schlimmes sehen. Die Wichtigtuer sprechen umständlich. Unpräzise. Langatmig. Manche auch bierschwer.

Natürlich geht es nicht nur ums Zuhören und Weitergeben von Infos. Wir versuchen auch zu organisieren. In dieser Nacht haben zum Beispiel mehrfach Leute angerufen, die einen »operativen Betankungswagen« brauchen – eine fahrbare Tankstelle also. Für Einsatzfahrzeuge, den Traktor oder das eigene Auto.

O.K., habe ich mir gesagt, du findest einen. Normalerweise recherchiere ich alles über Internet. Aber wir haben nur Notstrom – die Computer gehen nicht. Ich entdecke also die Gelben Seiten neu. Nicht dass da drin steht: »Operativer Betankungswagen«. Aber du fragst bei Tankstellen, Tanklagern, Transportunternehmen.

Am Diakonissenkrankenhaus

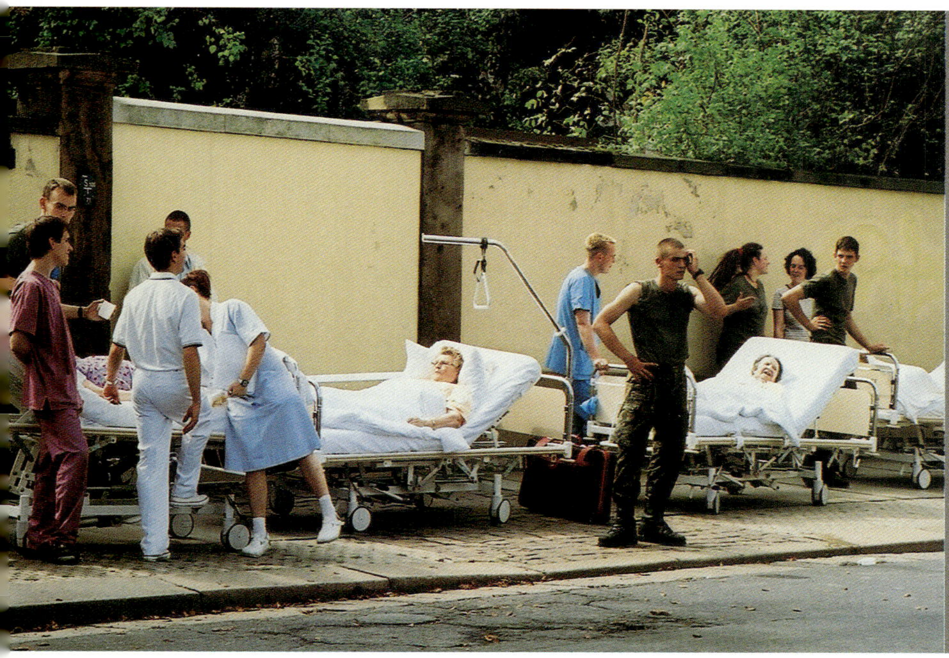

An der Herzogin Garten

»die haben einfach mitgemacht. Und wir hätten es auch gehalten, wenn das Hochwasser bei acht Meter dreißig geblieben wäre.« Mit Pumpen haben sie es versucht, dann fiel der Strom aus, und eine Hilfsorganisation zog ihnen ihre Motorpumpen ab.
50 Leute haben am Ende mit Eimern geschöpft, unaufhörlich gegen das Wasser angeschöpft. Doch nach drei Tagen Kampf lief das langsam steigende Wasser in der letzten Nacht gegen ein Uhr einfach über den Wall hinweg. Sie mussten aufgeben.
Jetzt steht das Haus im tiefen Wasser. Und in Ústí steigt der Pegel noch. Bald wird das Wasser von dort in Blasewitz ankommen.

Jens Schneider

Die kennen dann jemanden, der jemanden kennt. Und so finde ich tatsächlich so ein Teil. Natürlich kommt da Euphorie auf. Dann sagt mir der Besitzer allerdings: »Mädel, der fährt nicht mehr«. Ob jetzt wegen des Pegelstandes der Elbe oder wegen seines Alkohol-Pegels, habe ich nicht rausgekriegt.

Zu wenig Helfer einerseits, zu viele Helfer andernorts: Gegen 10 Uhr versucht die Stadt Einsatzkräfte zu dirigieren. Während es in Cossebaude, auf dem Bischofsplatz und in der Sandgrube der Heeresoffiziersschule vor Helfern nur so wimmelt, fehlen auf der Südhöhe und Hansastraße helfende Hände.
Sachsens Justiz ist jetzt in großen Teilen lahm gelegt. Am Vormittag wird das Landgericht an der Albertbrücke aufgegeben. Besonders kritisch ist, dass das Rechenzentrum mit dem elektronischen Grundbuch überflutet wird.
Nahe Děčín, wo der Pegel 12,20 Meter erreicht, hat sich erneut ein Schubkahn losgerissen. Wie gestern

versenkt ihn die Polizei mit Sprengstoff. Heute allerdings mit Todesfolgen: Ein schaulustiger Tscheche, der sich trotz Warnungen der Sicherheitskräfte im Sperrbereich aufhält, kommt ums Leben.

Bayerns Ministerpräsident Edmund

Stoiber fliegt in Dresden ein, um sich in Begleitung von Sachsens Regierungschef Milbradt und Dresdens Oberbürgermeister Roßberg ein Bild der Situation zu

machen. Die Atmosphäre ist überaus nasskalt. Nach einem einstündigen Hubschrauberrundflug wird Stoiber lächeln und in die Kameras sagen: »Dies wird eine große Herausforderung für ganz Deutschland«. Derartiges bringt Dresdens OB auf die Palme:

Freitag

16. August 2002

Dresden

Gartenanlage in Friedrichstadt

»Ich bin gegen diese Art von politischem Tourismus«. Es könne nicht sein, dass die Stäbe ihre Arbeitsabläufe änderten, um sie auf die Besucherprogramme von Ministerpräsidenten und Ministern abzustimmen. »Ich wende mich dagegen, dass dieses

Thema zum Wahlkampfthema gemacht wird«, wettert Roßberg. Aber dafür ist es schon zu spät.

Alle Schulen werden auf Anordnung des Krisenstabes geschlossen.

Während in Grimma, Glashütte oder Flöha mit dem Aufräumen begonnen wird, beschließt das Sächsische Kabinett ein Programm für den Wiederaufbau und zur Unterstützung der Wirtschaft. Die Sächsische Aufbaubank richtet ein »Sorgentelefon« ein,

um sich einen Überblick über die Schäden zu verschaffen.

Auf 9,16 Meter ist die Elbe bis 14 Uhr gestiegen. Zu dieser Zeit passiert der Hochwasserscheitel gerade die tschechische Stadt Ústí. In circa 12 Stunden wird er Dresden erreichen, der Krisenstab rechnet dann mit einem Pegel von 9,40 bis 9,60 Metern. Im Gegensatz zum Weißeritz-Hochwasser wird die Elbe aber nur langsam steigen. In jedem Fall ist keine »Flutwelle« zu befürchten, auch wenn alle davon sprechen.

Die Sprache der Flut

Etwas in mir verweigert sich dem Wort Katastrophengebiet, das die Medien unausgesetzt wiederholen. Es ist schwer und leicht zugleich, und ich habe den Verdacht, dass es zu viel will. Es lässt sich benutzen für zu viele Übel dieser Tage. Es ist wie ein zu großer Schuh. Ich muss es wissen, ich komme ja von dort, aus dem Katastrophengebiet. Ich muss wissen, dass es so einfach nicht zu sagen ist. Nicht mit einem Wort, einem so vagen noch dazu.

Seit sechs Tagen starre ich in dieser Stadt, um Fassung bemüht, auf braune Brühe. Ich kann zusehen, wie sie Stunde um Stunde hinaufkriecht. Den Rosengarten hat es schon erwischt. Dort schauen nur noch die Köpfe der Rosen aus dem Wasser. Noch acht Stufen der Freitreppe ist die braune Brühe von mir entfernt; noch vier, noch drei.

Wo die Telefone noch intakt sind, informieren wir einander. Wo nicht, hört man am anderen Ende eine zarte Frauenstimme: »Dieser Anschluss ist vorübergehend nicht erreichbar…«. Plötzlich sind wir eine Wasserstadt. So langsam, so scheinbar normal, wie am Anfang der Pegel stieg, so langsam legt sich jetzt eine dumpfe Stimmung über ganze Stadtviertel; es ist wie vor dem großen Kehraus. Läden schließen, das Geplätscher der Stimmen auf den

THW-Helferin Ricarda Kreser | Lohr am Main

Freitag, 16. August

Heute sind nur noch sechs aus unserem Ortsverband vor Ort. Die restlichen Helferinnen und Helfer wurden von Kollegen aus dem Ortsverband Miltenberg abgelöst. Der Keller im Telekomgebäude muss trocken gehalten werden. Hier laufen sämtliche Kabel der Telefon- und ISDN-Versorgung in Ostdeutschland zusammen. Höhepunkt des Tages war der Besuch von Stoiber, der sich vor Ort ein Bild von der Situation machen wollte. Was ich generell toll finde, ist die Hilfsbereitschaft der Bevölkerung. Die Leute nehmen großen Anteil und fragen zum Beispiel, ob wir Hunger haben. Einer kam sogar aus einem Ort 80 Kilometer entfernt angereist, um uns mit einer warmen Mahlzeit zu versorgen.

Die Elbe in Dresden erreicht ihren historischen Höchststand von 1845

Das Blaue Wunder wird gesperrt. Einzig die Autobahnbrücke ist noch offen.
Im Stadtteil Johannstadt reißt sich die Fähre los und sinkt.

Boulevards verstummt, stattdessen hört man Sirenen heulen, sieht die blauen Fahrzeuge des Technischen Hilfswerks, die sich in langen Konvois über die Brücken wälzen. Helikopter kreisen, und Gerüchte von der Sperrung aller Elbbrücken kursieren. Und an jedem Tag heißt es: Morgen wird der Scheitel erreicht sein. Aber der Fluss macht sich nichts daraus, er steigt weiter und weiter, kümmert sich nicht um die Meldungen der Krisenstäbe.
In der Nacht zum Freitag gehe ich noch einmal zur Freitreppe. Menschen, deren Gesichter ich in der Dunkelheit nicht erkennen kann, lehnen sich über die Brüstung und blicken nach unten in die jetzt schwarzen Fluten. Und da, plötzlich, höre ich ihn zum ersten Mal dröhnen, den Fluss. Er fließt nicht, er rauscht nicht, er schäumt nicht – er dröhnt. Kollidierende Baumstämme, Möbelstücke, Strohballen, Eisenteile schlagen den Takt.
Ich bin in Berlin angekommen, wo ich im Literarischen Colloquium am Wannsee Gedichte lesen soll. Mir geht die Sprache der Flut nicht aus dem Kopf. Mit der Fernbedienung zappe ich mich durchs Flutprogramm. Doch nirgends kann ich den flutenden Fluss hören.
Auf dem Wannsee gleitet still ein Segler dahin …

Volker Sielaff

Jetzt ist auch Kleinzschachwitz überschwemmt.
Die Stromversorgung ist erheblich beeinträchtigt, nachdem die Umspannwerke überflutet sind. Zeitweise sind 100 000 Haushalte ohne Strom. Auch Dresdens größtes Wasserwerk kann nicht mehr arbeiten.
Das Fußball-Punktspiel zwischen den Amateuren des Hamburger SV und Dynamo Dresden – angesetzt für Sonntag – wird abgesagt. »Die Dresdner haben momentan andere Dinge im Kopf«,

Wasserstand in Dresden-Mitte

sagt HSV-Chef Werner Hackmann. Die Dynamo-Spieler wären ohnehin nur mit Schlauchbooten zu ihrem Bus gekommen.
Alle Gebiete, die vom Wasser eingeschlossen werden könnten, gelten am Nachmittag als evakuiert. Gleichermaßen

Wasserpumpen am Terrassenufer

geräumt sind bedrohte Krankenhäuser und Pflegeheime. Die Stadt spricht von der größten Evakuierungsaktion in der Geschichte der Bundesrepublik.

Der Pegel überschreitet 9,20 Metern. **»Ein Segen für Dresden,** dass es Elbauen gibt«, sagt Landesbischof Volker Kreß. Ohne die wäre alles noch viel schlimmer. Kreß fordert von den Politikern, endgültig den Elb-Ausbau zu stoppen.

Freitag

16. August 2002

Dresden

Evakuierungen in Dresden (links) und Meißen

In Köln wird das Ringfest mit mehreren hunderttausend Fans eröffnet. Über 200 international bekannte Pop-Bands spielen auf dem größten Musikfest der Welt. »Während wir eine Party bei Sonne und 30 Grad feiern, versinkt Dresden in der Flut«, sagt Organisator Henning Röller. Er verspricht Spenden, die Dresdner Jugendclubs und Musikschulen zugute kommen sollen. **Semperoper** oder Japanisches Palais – in einigen öffentlichen Gebäuden, die noch von den Feuerwehren

Die jugendliche Kraft

Keiner weiß, was geschehen wird. Es ist, als hielte die Stadt den Atem an. Ich flüchte mich in alltägliche Verrichtungen, räume im Keller herum, laufe zum Schillerplatz. Ich versuche mich gegen meine Hilflosigkeit zu wehren. Aber die apokalyptischen Bilder, die in der Altstadt auf mich eingestürzt sind und die jetzt stündlich das Fernsehen wiederholt, lähmen mich geradezu.
Da wirkt es beruhigend, wie junge Leute überall Hand anlegen und Sandsäcke schichten. Woher kommt plötzlich all die jugendliche Kraft?
Auch am Fährgässchen vorn begegnen mir junge Leute. Hier haben in den letzten Jahren ein paar unermüdliche denkmalpflegerische Enthusiasten das Fachwerkgiebelhaus saniert. Ich habe, so oft ich bei meinen Elbspaziergängen vorbei kam, ihren Mut bewundert, das marode Haus wieder zu neuem Leben zu erwecken. Jetzt sind sie dabei, das Erdgeschoss zu räumen. Freunde sind gekommen und helfen. Gerade tragen sie den breiten, mit Abendbrottellern beladenen Holztisch ins Freie und setzen ihn unter den Nussbaum. Sie haben alle denkbare Vorsorge getroffen, jetzt gönnen sie sich eine Rastpause. Sie stellen ein paar Flaschen Bier auf den Tisch, die Kinder tollen mit dem Hund – ein Bild fast fröhlicher

Tom Richter | Dresden-Mitte | Umweltzentrum

Nacht vom 16. zum 17. August

Am Mittag stand das Elbe-Wasser höher als das der Weißeritz-Flut. Und steigt weiter. Seit dem Nachmittag messe ich, wie schnell. Der Krisenstab hatte einen Höchstpegel von 9,60 Meter prognostiziert. Das hieße: Die Decke zum Obergeschoss des Umweltzentrums würde überflutet. Sicherlich das Ende des alten Fachwerkhauses.

Ende der 80er Jahre war die Abrissgenehmigung schon unterschrieben. Auf Anregung zweier Denkmalschützer hatten sich im Frühjahr 1990 eine Handvoll Menschen aus dem Umfeld der Grünen Liga zusammengetan, um das Haus wieder aufzubauen. Bis 1997 schufteten sie – und schufen ein Schmuckstück. Das jetzt dahingespült zu werden droht.

Am Abend fehlen nur noch Zentimeter bis zur Decke. Wir entscheiden uns zur Wasserhaltung. Das bedeutet: Es muss gelingen, mehr Wasser abzupumpen, als von außen einströmt. Dann gibt es eine realistische Chance. Zuerst versuchen wir, Türen und Fenster noch einmal gründlich abzudichten. Gegen Mitternacht bringt uns

Gelassenheit, auch wenn es natürlich trügerisch ist. Die hier wissen, was auf sie zukommt und was für sie auf dem Spiele steht. Auf der quer über die Gasse geschichteten Sandsackbarriere sitzt, in sich vor Erschöpfung zusammengesunken, eine junge Frau und starrt wie abwesend vor sich hin. Jetzt, da sie ihr Möglichstes getan hat, kann auch sie nur noch warten. Erneut diese Stille, die eintritt, bevor das Unabwendbare geschieht. Lautlos schiebt sich das Wasser die katzensteingepflasterte Straße herauf.
Da biegt ein Lastwagen um die Ecke und mit ihm kehrt auch der Lärm zurück. Im trüben Schein der Straßenbeleuchtung beginnen junge Leute Säcke zu füllen. Sie beschämen mich in meiner Hilflosigkeit. Woher all die jugendliche Kraft? Und warum wird ihr so oft jede Chance genommen?

Rudolf Scholz

die arche noVa ein Notstromaggregat und eine starke Pumpe, die 40 Kubikmeter in der Stunde schafft. Wir schöpfen wieder etwas Hoffnung, obwohl das Wasser weiter steigt. Doch dann hat unser Tun keinerlei Wirkung.
Das Wasser stoppt schließlich knapp unter der Geschossdecke. Zum Glück, denn unsere Wasserhaltung hätte nie funktioniert. Die Weißeritz nämlich hatte ein Kellerfenster zerschlagen. Wieviel Wasser wir auch abpumpen – es floss von unten nach.

gehalten werden, übersteigt der Wasserzufluss die Menge des abgepumpten Wassers. Die Helfer stellen die Pumparbeiten ein, räumen das Feld. **Die Sandsack-Vorräte** sind aufgebraucht. Nachlieferungen wird es erst am späten Abend geben. Sie sollen über den Flughafen eingeflogen werden. **Weil die Trinkwasserversorgung** stark beeinträchtigt ist, rufen die Stadtwerke zu sparsamem Verbrauch auf. Im Wohnpark »Augustuspark«, in Oberpoyritz, Söbrigen und östlich

Freitag

16. August 2002

Dresden

des Wasserwerkes Hosterwitz werden Versorgungswagen aufgestellt. Das, was hier noch aus der Leitung kommt, ist so verunreinigt, dass es nicht mehr getrunken werden darf. **Gegen Mitternacht** erreicht der Pegel 9,33 Meter. Sieben

Könneritzstraße in Dresden-Mitte

Stadtteile sind jetzt überflutet, 30000 Menschen evakuiert. **Das Innenministerium** gibt bekannt, dass sich die Zahl der Hochwasser-Toten auf

elf erhöht. Ein 58-Jähriger sei beim Versuch, Habseligkeiten aus seinem Keller zu holen, ums Leben gekommen. Die Sachen wollte er holen, weil seine Evakuierung angeordnet war. Allein in Dresden wurden bislang mindestens 95 Menschen verletzt.

Theaterplatz

Der Tag beginnt mit einem Pegel von 9,34 Metern. Die Elbe steigt jetzt moderat – um einen Zentimeter jede Stunde. Der Scheitel wird in den frühen Morgenstunden erwartet. Statt des bislang prognostizierten Höchststandes von 9,60 Metern werden jetzt maximal 9,45 Meter erwartet. **Die Wasserversorgung** in Johannstadt ist vielerorts zusammengebrochen. Weil das

Stadt der leeren Gesichter

Wenn die Sache hier vorbei ist, will Frank Nowara erst einmal einen trinken gehen. Irgendwo am Rande der Innenstadt, wo kein brackig-braunes Wasser fließt, sondern allenfalls das Bier. Wo die Elbe fern ist und keiner mehr seine Hilfe braucht. »Das haben wir uns alle verdient«, sagt der Rettungstaucher und fummelt eine Marlboro aus seiner zerknautschten Schachtel. Der 35-Jährige sitzt auf einem Metallkasten, streckt seine Beine aus und streicht sich über den geschorenen Schädel. Schweigend schaut er minutenlang dabei zu, wie sanfte Wellen über seine blauen Stiefel schwappen. Von hinten paddelt ein junger Mann im Kajak heran, weicht einer Baumkrone aus und legt direkt neben Nowara an. Der zieht noch einmal an seiner Zigarette, schnippt sie weg und sagt, dass der Kneipenbesuch noch etwas warten müsse: »Es gibt noch allerlei zu erledigen da draußen.«
Nowara ist seit vier Tagen in Dresden. Fast rund um die Uhr wird der Mann von der Essener Berufsfeuerwehr in der Stadt gebraucht. Alle paar Minuten gehen Meldungen ein, dass eine Familie evakuiert werden muss, ein abgeknickter Baumstamm durch die Straßen treibt oder ein Wasserrohr zu sichern ist. Der Pegel steht an diesem Samstagmorgen bei über neun Metern.

Antje Münden | Bürgertelefon des Krisenstabes

FREITAG, 17. AUGUST

Aus der ganzen Bundesrepublik kommen Anrufe. Hilfsangebote, Fragen nach Verwandten. Manche rufen von der Autobahn aus an: Komme aus Erfurt mit einem LkW voller Sandsäcke. Wo sollen die hin? Andere wollen wissen, welche Autobahnabfahrt sie nehmen sollen, um ihren selbst gebackenen Kuchen an die Helfer verteilen zu können. Es gibt aber auch die anderen Anrufe. Aus Niederwürschnitz meldet sich ein Mann, der »seine Kraft zur Verfügung stellt«. Hat er wörtlich so gesagt. Und die nächste Frage war: »Wann holt ihr mich?« Ich habe ihm erklärt, dass er schon selber zusehen muss, wie er nach Dresden kommt. Taxi, sagt er, und ich: »Wenn Sie das auf sich nehmen wollen«. Wollte er natürlich nicht, schließlich sei er arbeitslos. Und dann hat er gesagt: »Wenn Dresden meine Kraft einsetzen will, muss die Stadt auch dafür zahlen.«

Kanalsystem nicht mehr funktioniert, fließt kein Abwasser ab. In den Hochhäusern drückt es aus den oberen Etagen auf die Abflüsse der unteren. Es stinkt, quillt mancherorts heraus. Andererseits haben die oben ein Trinkwasser-Problem. Weil der Leitungsdruck zu gering ist, kommt oben nichts mehr an, wenn unten viele den Hahn aufdrehen. Die Wasserwerke rufen die Bevölkerung zur »Solidarität« auf: Sparsam mit Trinkwasser umgehen, so wenig wie möglich Abwasser produzieren.

Samstag

17. August 2002

Dresden

Prießnitzstraße

Die B6 in Meißen

In zwei Stadtteilen besteht der Verdacht, dass das Trinkwasser verseucht ist, sagte eine Sprecherin des städtischen Krisenstabes. **In der Rankestraße** steht das Wasser gegen 1 Uhr 45 Zentimeter hoch. Der städtische Krisenstab ordnet die Evakuierung der Gebiete zwischen Lommatzscher Straße und Eisenbahndamm an. 200 Menschen werden in Schulen untergebracht. Weil sich bei den vergangenen Evakuierungen immer wieder Menschen weigerten, ihre Häuser zu verlassen, ruft der

Etwa 15 000 Frauen und Männer aus anderen Bundesländern helfen in den ostdeutschen Katastrophengebieten. Nowaras Team war eines der ersten, das zu Hilfe eilte. Insgesamt 19 Männer sind im Einsatz, und kaum einer von ihnen hat in den vergangenen Nächten länger als vier Stunden geschlafen. An diesem Morgen ist die Gruppe um fünf Uhr mit einem Rettungswagen, zwei Lkw mit Anhängern und einem Kombi zur Salzburger Straße hinausgefahren. Dort, sagte die Einsatzleitung, könne man sehr gut die Boote zu Wasser lassen. Bis letzten Mittwoch konnten die Essener mit ihrem unverwüstlichen Unimog noch durch die nassen Straßen fahren, doch bei diesem Pegel jetzt kommen sie nur noch mit dem Schiff weiter. In besagter Straße befindet sich ein Jugendzentrum, doch davon lugen nur noch zwei Basketballkörbe und ein rotschwarz gestreiftes Dach aus dem Wasser. »Wahnsinn«, sagt Nowara, als er in seinem hautengen Neoprenanzug zum Boot watet. Verbandsführer René Schubert hat Nowara und seinen Kollegen Markus Martin, 28, angewiesen, in ein benachbartes Wohngebiet zu fahren. Es könnte sein, dass dort noch Leute sitzen und auf Hilfe warten, nachdem sie den Kampf gegen das Wasser aufgegeben haben und endlich raus wollen aus dieser apokalyptisch anmutenden Welt. Nicht alle halten so lange durch wie diese 90-jährige Frau ein paar Straßen weiter, von der Nowara berichtet,

Matthias Beutner | Berufsfeuerwehrmann

Dresden, 17. August

Ich bin als Rettungsfahrer eingeteilt. Zuerst müssen wir einen Dialyse-Patienten nach Friedrichstadt bringen. Das dortige Dialyse-Zentrum arbeitet noch, das Technische Hilfswerk hält mit seinen Notstromaggregaten den Betrieb am Laufen. Nur: Man kommt nicht mehr ran, ganz Friedrichstadt ist eine Insel. Die einzige, noch mögliche Verbindung ist die alte Brücke über den Güterbahnhof. Allerdings kann man die nicht befahren. Also bringen wir den Patienten auf einer Trage hin – vielleicht zwei Kilometer weit. Sicherlich nicht angenehm für ihn – es geht aber nicht anders.
Dann werden wir zu einem jungen Mann gerufen.

Könneritzstraße

Ein trockener Platz in der Neustadt

Krisenstab auf, »die Anweisungen der Hilfskräfte zu befolgen«. Am Morgen geben die Helfer das Gebiet auf. **Die Friedrichstadt** ist seit 3 Uhr eine Insel.

dass sie seit drei Tagen in ihrem Dachgeschoss hocke, ihm und den anderen Bootsfahrern zuwinke und ihnen zurufe, dass sie zwei Weltkriege, die DDR und die Wiedervereinigung überlebt habe: Da werde sie diese Kleinigkeit doch auch noch überstehen, oder? Die Großmutter ist also geblieben, die meisten anderen Menschen im Wohngebiet haben aufgegeben. Nowara und Martin haben längst den Überblick verloren, wie viele Männer, Frauen und Kinder sie in ihr Boot gehievt und anschließend ins Trockene gebracht haben. Die Taucher wissen nur noch, dass die meisten dieser Menschen »sehr leere Gesichter« hatten und schweigsam gewesen seien während der Fahrt. Einige hätten sich immer wieder umgeschaut, um einen letzten Blick zu erhaschen auf das Haus, das sie vielleicht gerade renoviert oder mit neuen Möbeln ausgestattet haben.
Eine Sache hat sich besonders fest im Kopf von Nowara und Martin eingeprägt. Sie erzählen davon, als sie mit ihrem Boot in eine schmale Straße hineinfahren. Das Straßenschild ist gerade noch zu erkennen und teilt den Männern Weiß auf Blau mit, dass es sich dabei um das »Laubegaster Ufer« handelt, Hausnummer 24 bis 78. Totenstille herrscht. Nur Wasser, das gegen Laternenpfähle und Balkongeländer schwappt, ist zu hören. Gestern waren die Feuerwehrleute auch in einer solchen Straße unterwegs, die

Vier Tage lang hatte der Sandsäcke getragen, er war körperlich total runter. Verhoben vielleicht, vielleicht auch etwas mit der Wirbelsäule oder der Bandscheibe. Wir bringen ihn zum Flughafen Klotzsche. Dort ist im Terminal zwei – der alten Abfertigungshalle – ein Notkrankenhaus eingerichtet worden. Überall Betten, medizinisches Gerät. Die einzelnen Stationen sind notdürftig mit Trennwänden abgeteilt. Vom Handyklingeln bis zum Schmerzensschrei – man hört natürlich trotzdem alles.

Zu Fuß ist sie nur noch über die Fußgängerbrücke Waltherstraße erreichbar. **Auch Übigau** ist von der Außenwelt abgeschnitten. **Um 4 Uhr** steht das Wasser 9,38 Meter hoch. **Das Standesamt** auf der Goetheallee meldet um 8 Uhr, dass es trotz Hochwasser geöffnet hat. 21 Hochzeiten sind heute angesetzt. **Sechs Paare** werden allerdings nicht erscheinen: Nachdem sie Hab und Gut verloren haben, ist ihnen nicht nach Feiern zu Mute.

Samstag

17. August 2002

Dresden

Dresden, Prießnitzstraße

Bad Schandau, Sportplatz

Meißen, Altstadt

Der Sandsack-Damm in Trachau droht kurz nach 8 Uhr zu bersten. Der Krisenstab ordnet die Evakuierung hinter dem Trachauer Bahnhof an – von Leipziger bis Aachener Straße.
Die Wettervorhersagen geben keinen Anlass zu Optimismus: In der Region werden Gewitter gemeldet.
In der Nacht waren 5000 Helfer von Feuerwehr, Polizei und THW im Einsatz. Viele brauchen dringend eine Pause.
Die Hamburger Feuerwehr weigert

normalerweise von kleinen Läden gesäumt wird. Aber die Schaufenster des Raumausstatters Rudolph sind schon vor vier Tagen in den Fluten versunken. Plötzlich hörten sie einen Hilferuf. Eine kräftige, aber verzweifelte Stimme war es, eine, die vermuten ließ, dass keine Zeit mehr zu verlieren war. Ein Mann war in seinen Keller hinabgestiegen, um etwas zu holen. Unerbittlich schoss das Wasser durch die offene Kellertür hinab und war in wenigen Minuten bis an die Decke gestiegen. Der Mann versuchte, gegen die Wassermassen anzukämpfen, war jedoch völlig orientierungslos. Martin tauchte in den stockdunklen Raum hinab, tastete sich langsam an den Wänden entlang und fand den Mann am Ende des Kellerflures. Er hievte ihn nach oben, trug ihn mit dem Kollegen auf eine Bahre und versuchte, ihn zu reanimieren. Zu spät: Das neunte Opfer der Flut.
Während Nowara und Martin ihr Boot durch die überschwemmte Stadt steuern und davon erzählen, dass sich ihre Frauen »wahnsinnige Sorgen« machen, steht Einsatzleiter Schubert am Rettungswagen und telefoniert. 29 Jahre ist er alt, hat Sicherheitstechnik studiert und darf sich schon »Brandrat« nennen. Er ist das genaue Gegenteil der Taucher: groß, schlaksig, ein bedächtiger Typ, der für Außenstehende ein bisschen schüchtern wirkt. In diesen Stunden piept sein Handy fast ununterbrochen. Einmal legt er

Andreas Klottig | Sorgentelefon der Stadt Dresden
SAMSTAG, 17. AUGUST
Hier rufen ja jede Menge verzweifelte Menschen an. Du versuchst zu beruhigen, Mut zuzusprechen und einigermaßen sinnvolle Tipps zu geben. Manchmal kann man aber auch verzweifeln.
Zum Beispiel heute. Da rief eine Frau an, die auf der einen Seite der Elbe wohnt, auf der anderen Elb-Seite aber arbeitet. Ihr Stadtteil war gerade evakuiert worden, sie versuchte, mit ihren Kindern irgendwo vernünftig unterzukommen. Ihr Arbeitgeber aber – Möbel-Höffner – bestand darauf, dass sie pünktlich zur Arbeit erscheint. Die Frau erzählte von einer Anweisung des Möbelgiganten: Es sei egal, ob jemand betroffen ist oder nicht – wer nicht pünktlich auf Arbeit erscheint, wird gekündigt.

das Telefon im Rettungswagen ab, um sich für ein paar Minuten einer Frau zu widmen, die nach Angehörigen sucht. Als er sein Telefon wieder zur Hand nimmt, steht auf dem Display »Drei Anrufe in Abwesenheit«. Er ruft die erste Nummer zurück, winkt zwei seiner Männer herbei. Die Straßenkarte ausbreitend sagt Schubert, dass es Probleme gebe. Die Einsatzleitung habe gerade mitgeteilt, dass eine Fähre führerlos auf das Stadtviertel zutreibe. Das Sondereinsatzkommando der Polizei wolle das Schiff sprengen, bevor es gegen die Brücke pralle. Schubert ruft Nowara und Martin an. Sie sollen sich die Sache einmal anschauen. Vielleicht braucht man dort ja Taucher.
»Bloß nicht hinsetzen«, sagt Schubert etwas später, »dann ist es aus, dann schläft man ein.« Auch er hat nur vier Stunden geschlafen, und das auch noch unruhig. Nur gut, dass jetzt die Zusammenarbeit mit den anderen Teams besser klappt. Die sei am ersten Tag ein wenig schwierig gewesen, weil plötzlich unzählige Hilfsgruppen aus ganz Deutschland vor Ort waren – ohne genau zu wissen, was eigentlich zu tun ist. Schubert nimmt die Brille ab und putzt sie. »Ich muss mein Team sehr loben«, sagt er und schaut zu Peter Minor hinüber, der gerade ein Boot aus dem Wasser zieht. Minor ist 57 Jahre alt und gehört zur Freiwilligen Feuerwehr Essen. Er hätte eigentlich nicht mitfahren müssen.

Die Kinder einerseits, der Job andererseits – sie weinte, saß zwischen zwei Stühlen. Mich hat das unglaublich wütend gemacht. Wenig später würden die Möbelfritzen durch die Flut das Geschäft ihres Lebens machen. Und jetzt haben sie sich derartig. Ich habe der Frau geraten, es darauf ankommen zu lassen. Schließlich war das Amtsgericht auch gerade abgesoffen. Sollte es zu einem arbeitsrechtlichen Prozess kommen – die Richter hätten sicherlich Verständnis für sie. Obwohl: Sicher war ich mir bei diesem Rat nicht.

sich, den Trachauer Sandsack-Damm aufzugeben. Sie schichten weiter Säcke. Würde der Wall unter der Bahnbrücke weggespült, liefe es bis Radebeul. **Oberbürgermeister Ingolf Roßberg** sagt gegen 10 Uhr das Dresdner Stadtfest ab. Die Organisatoren hatten vom 23. bis 25. August mit rund 500 000 Besuchern in der Innenstadt gerechnet. **Im Pirnaer Stadtteil Sonnenstein** wird eine Zeltstadt aufgebaut. Mehrere hundert Helfer von Bundeswehr, dem bayerischen Roten

Samstag

17. August 2002

Dresden

Terrassenufer

Johannisfriedhof in Tolkewitz

Kreuz und dem THW richten Notunterkünfte für 10 000 Menschen ein. Drei Wochen soll das Zeltlager stehen. **Gegen 10 Uhr** wird die Evakuierung in Trachau abgebrochen. Der bedrohte Sandsackdamm scheint zu halten. Die Hamburger Feuerwehrleute schichten weiter. Der Pegel steht bei 9,40 Meter. **In Meißen** kommt ein Hilfs-Konvoi aus Polen an. Zwölf Fahrzeuge bringen besonders leistungsfähige Pumpen. **Luxemburg** schickt mehr als 1000 Notbetten nach Sachsen.

Doch als er die Bilder im Fernsehen sah, da habe er nicht anders gekonnt. Viele Menschen hier hätten doch alles verloren. Die Einheimischen seien »unglaublich dankbar« für die Hilfe.
Bernhard und Inge Bebeler – ein älteres Ehepaar – kommen ans Ufer in der Innenstadt gelaufen. Das Wasser steht bisher nur in ihrem Vorgarten, und im Radio sagen sie: Der Pegel sinkt. Die Bebelers haben einen Korb voll Tomaten, ein bisschen Gurkensalat und Weißbrot-Schnitten mit Käse mitgebracht. »Männer, ihr müsst essen«, sagt Herr Bebeler und erzählt, dass er ein befreundetes Ehepaar bei sich aufgenommen habe. »Wir müssen jetzt alle zusammenhalten, das nützt doch alles gar nichts.« Fünf Minuten später kehrt Nowara zurück und will erzählen, wie das SEK die verirrte Fähre in tausende Teile gesprengt hat. Doch Schubert hat schon einen neuen Auftrag für die Taucher. Diesmal geht es um die Evakuierung von 20 Menschen. »Ihr könnt also direkt wieder rausfahren«, sagt Schubert zu den Tauchern. Nowara geht zu den Bebelers, schnappt sich eine Schnitte und lächelt ein bisschen. »Hier kommt man nicht einmal zum Essen.« Wie soll das dann erst mit dem Bier werden?

Guido Kleinhubbert

Lutz Stellmacher | Dresden-Laubegast

SAMSTAG, 17. AUGUST

Die ganze Nacht füllten die Leute wie wild Sandsäcke. Eine aufgekratzte, depressive Stimmung. Ich kann nicht glauben, dass Säcke etwas bewirken. Das Wasser steht bei 9,40 Metern.

Die Prohliser Gebrauchtwarenbörse auf der Senftenberger Straße ruft zu Sachspenden auf. Gesammelt werden gebrauchsfähige Haushaltgeräte, Möbel, Kleidung und

Decken. Der Pegel verharrt bei 9,40 Metern. **In Leipzig** treffen sich die Ministerpräsidenten Georg Milbradt (Sachsen), Wolfgang Böhmer (Sachsen-Anhalt) und Bernhard Vogel (Thüringen) mit Unionskanzlerkandidat Edmund Stoiber (Bayern), um über den

Gruft unter Dresdner Kathedrale

Wiederaufbau zu beraten. Brandenburgs Ministerpräsident Matthias Platzeck ist Deichgraf und SPD-Mitglied – er wird nicht eingeladen. Stattdessen kommt Innenminister Jörg Schönbohm. Auch der CDU-Wirtschafts-

WASSERRETTUNG
DLRG

Schloss Pillnitz, Freitreppe

experte Lothar Späth nimmt teil. Nach dem Treffen werden sie erklären: »Die finanziellen Hilfsangebote der Bundesregierung reichen bei weitem nicht aus«. Besser wäre ein Fonds »Flutkatastrophe 2002«, der zwei Milliarden Euro bereit stellt.

Bad Schandau, Kleingartenanlage

Bundeskanzler Gerhard Schröder bezeichnet das Leipziger Treffen als »parteipolitische Kleinstaaterei«.
In Riesa stürzt eine zweigleisige Eisenbahnbrücke ein.

Erstmals seit langem sinkt der Pegel am Mittag leicht auf 9,39 Meter, 13 Uhr auf 9,38 Meter.
Die Experten sind sich sicher, dass der Scheitelpunkt erreicht ist. Ústí nad Labem verzeichnet sinkende Tendenz. Nach den Erfah-

rungen der letzten Tage bleiben sie aber skeptisch: Das Wasser fließt nur langsam ab. Sorge bereitet zudem das hohe Grundwasser.
In Meißen befürchtet der Krisenstab ein Überfluten der Deiche.
In Torgau werden die ersten 1000 der 20000 Einwohner evakuiert. Ihre Zahl wird sich im Laufe des Tages auf 15000 Einwohner erhöhen.
Die Brücken bleiben wegen der Gefahr, die durch das Treibgut ausgeht, gesperrt. Zuerst wird die Albertbrücke wieder freigegeben,

Saubere Füße

Normalerweise plätschert die Prießnitz als Rinnsal aus der Heide durch die Neustadt. Am Donnerstag stand die Elbe so hoch, dass die Prießnitz durch den Tunnel unter dem Diakonissenkrankenhaus nicht mehr abfließen konnte und aufgestaut wurde.
An der Gartenmauer des Stadtteilhauses mit der Kellerschenke »Oosteinde« konnten wir mit bloßen Augen sehen, wie der Prießnitzspiegel, nun gleichauf mit dem Elbspiegel, stieg und stieg. Am Abend fehlten noch fünfzig Zentimeter bis zur Krone der Mauer. Das Wasser begann in den Garten einzudringen. Der Elbepegel wurde im Radio durchgesagt: 8,30 Meter. In der Nacht würde er 8,60 Meter erreichen, sagten sie. Ich stand mit einem Dutzend Leuten barfuß bis zu den Knien in der Brühe, und wir schöpften das Wasser, von dem wir nicht wussten, ob das noch von der Prießnitz oder schon von der Elbe war. Moddrig genug sah die braune Tunke aus.
Wir schöpften über die Mauer. Stundenlang. Wenn die Prognose stimmte, würde das Wasser in der Nacht nicht über die Mauer kommen. Vielleicht.
Vom noch trockenen Ende des Gartens schauten einige zu.
Sie würden auch gerne helfen. »Aber in dieses Wasser steige ich

Andreas Klottig | Sorgentelefon der Stadt Dresden
Sonntag, 18. August
Ein Mann rief an und fragte nach der Trinkwasserqualität in Cotta. Er hätte eine offene Wunde und müsse diese spülen. Das sei wegen des Chlors in den letzten Tagen aber nicht möglich gewesen.
Ich habe ihm geraten, das Wasser in ein Glas zu füllen. Wenn es milchig ist, wegschütten – dann ist immer noch zuviel Chlor drin. Er berief sich auf den Arzt und sagte: Ich muss jetzt aber spülen. Gut, sagte ich, wenn das Wasser aus der Leitung nicht geht, gibt es zwei Möglichkeiten: Selters. Oder Regenwasser.

dann die Carolabrücke für Fußgänger und Radfahrer. Blaues Wunder, Augustusbrücke, Marienbrücke und Flügelwegbrücke aber vorerst nicht.

In Pirna hat sich die Fähre »Schandau« losgerissen. Die Polizei versucht bei Pillnitz per Hubschrauber an das zehn Meter lange Schiff heranzukommen, will es am Ufer festmachen. Doch die Strömung ist zu stark. Kurz vor

17 Uhr sprengen Spezialisten die »Schandau«. Die Fähre hätte die Dresdner Brücken massiv gefährdet. **Das Radio** sendet am Abend zahlreiche Hilfegesuche – Stellen, an denen Helfer gebraucht werden. Einige sind offensichtlich Falschmeldungen, die Leute werden abgewiesen. Beim Bürgertelefon der Stadt gehen Beschwerden ein. **Bundesumweltminister Trittin** zeigt sich beim Tag der offenen Tür seines Ministeriums in Berlin gelassen. Zum Hochwasserschutz

nicht«, sagte einer mit Irokesenfrisur, »nehmt's mir nicht übel.« Niemand nahm es ihm übel. Micha Schröder, Drummer der Band Free Little Pigs, hielt mit Schöpfen inne, hob einen Fuß und kalauerte: »So sauber war der noch nie. Und auch die ganze schlechte Haut geht ab.« Ganz wohl war uns allen nicht. Doch wem war schon wohl. Im Radio war von Schwermetallen die Rede, von Dioxin und Hepatitis-Keimen.

Stundenlang hielten wir den Pegel im Garten vierzig Zentimeter niedriger als den »da draußen«. Im bereits abgesoffenen Nachbargrundstück verfiel eine junge Frau in einen Schreikrampf: »Hört bloß auf, das Wasser zu uns rüberzukippen.« Es war nicht die Zeit, über Physik zu diskutieren. Der Wasserstand im Haus dieser Frau war »der allgemeine«, nur unserer war noch etwas niedriger, noch.

Alle fünfzig Leute im Garten, auch die Trockenfüßler, bildeten sofort eine Kette, wenn eine Wagenladung neuer Sandsäcke eintraf, und wir schichteten einen Wall vor dem »Oosteinde« auf, für den Fall, dass die Gartenmauer bricht oder überflutet wird. Das musste unweigerlich geschehen, wenn die Elbe ihren alten Pegelrekord übertraf.

Antje, die Betreiberin des »Oosteinde«, besorgte Bier, Wasser und Vanilleeis. Wahlverpflegung. Der Wall wuchs. Das Wasser stieg.

Lutz Stellmacher | Dresden-Laubegast

Sonntag, 18. August

Der Pegel ist gefallen. Zum ersten Mal seit Tagen geht das Wasser zurück! In Tolkewitz hat der Sandsack-Damm gehalten. Einen halben Meter Wasser. Ich beginne, wieder an den Sinn der Schlepperei zu glauben.

Bis zum Mittag fällt das Wasser weiter. Ich werde unruhig. Kann man schon zu Hause nachsehen? Oder gar zurück?

Bis zum späten Nachmittag halte ich es aus. Dann muss ich mit dem Fahrrad los. Die geborgten Gummistiefel sind viel zu klein und schmerzen. Die Straßen sind noch überflutet. Ständig die Angst, in ein Loch oder einen offenen Kanalschacht zu fahren. Meine Ungeduld wächst. Bis zur Österreicher Straße. Dort steht das Wasser einen halben Meter hoch. Schleichwege. Unsere Straße. Das Haus. Und die Entdeckung: Es liegt auf einem kleinen Berg! Im unserem Erdgeschoss standen nur 68 cm Wasser.

Die Fingers von gegenüber haben im Obergeschoss ausgehalten. Familie Bär ist auch schon zurück.

Wir, die wir uns jahrelang distanziert aus dem Weg

verkündete er: »Besser, das Wasser läuft in die Auwälder als in den Keller«.
Auf Anordnung der Landesregierung geht die Polizei seit

Es begann von unten durch die Erde und ins Gebäude zu drücken. In der Nacht um drei hörten wir auf. Anderthalb Stunde später brach das Wasser durch, und als der Pegel am Sonnabend bei 9,40 Meter stagnierte, war das »Oosteinde« anderthalb Meter tief versunken. Das Klavier war verendet, die Fußböden brachen auf, das Mauerwerk saugte sich voll.

Unsere Sisyphusaktion hatte nur Aufschub gebracht, ein paar Stunden, genug, um einen Großteil des Mobiliars zu retten. Mehr nicht. Wir hatten das nicht wahrhaben wollen. Wir hatten geschöpft und geschleppt und geschichtet wie im Wahn. Und das war gut so, es war nicht umsonst. Zumindest für die Seele.

Tage später, beim Abtransport von Hunderten verseuchter Sandsäcke, waren nicht mehr fünfzig, sondern immer nur fünf, sechs, sieben Leute da. Eine Katastrophe eventuell abzuwenden, dieses Ziel setzt Adrenalin frei, weckt sogar eine gewisse Begeisterung. Sich mit den Folgen rumzuschlagen, aufzuräumen und saubermachen, das ist profaner, langwieriger, das erfordert eine gewisse Leidensfähigkeit. Unter anderem half ein Lastwagenbesitzer aus dem südbadischen Lörrach, der mit seiner altersschwachen Riesenkarre aus den fünfziger Jahren, die nur noch 30 fuhr, nach Dresden gezockelt war, »um irgendwie zu helfen«. Natürlich war das Auto von Nutzen. Der Kerl, Ende dreißig, war jedoch

gegangen sind, umarmen uns! Es ist vorbei. Auch wenn es jetzt erst losgeht.

Überall hatte sich eine dicke, grau-braune Schlammschicht abgesetzt, genau bis zur Höhe des Wasserstandes – an Pflanzen, Wänden, den Autos, im Wäscheschrank. Wie vom Vermessungsbüro gezeichnet. Zöllners Flügel ist futsch, das Wasser hat gerade den Resonanzboden erreicht. Die Einrichtung sowieso. Die Wohnung ist vermatscht. In unserem Kinderzimmer liegt das Lego so, wie es die Kinder am Montag verlassen haben. Der Gefrierschrank! Über das Parkett rinnt Wasser.

20 Uhr gegen Hochwassertouristen vor – mit allen gesetzlich möglichen Mitteln.
Die Stadt setzt das Ladenschluss-Gesetz außer Kraft. Hamsterkäufe seien nicht nötig, die Lebensmittelgeschäfte blieben am Wochenende geöffnet.
Der Krisenstab gibt erste Aufräumtipps: Vorsicht beim Auspumpen von Kellern. Wegen des hohen Grundwasserstandes drücken von außen große Kräfte gegen die Kellerwände. Solange die Keller voller Wasser stehen, gibt es einen Gegendruck.

Werden sie leergepumpt, fehlt dieser, Bauwerksschäden sind nicht auszuschließen. **Gegen Mitternacht** noch ein Appell: Das Dresdner Gesundheitsamt warnt dringend davor, Kinder in den Pfützen spielen zu lassen. Es wird vermutet, dass dieses Wasser mit Bakterien und gesundheitsgefährdenden Keimen verseucht ist. **Die Dresdner Polizei** zieht vorläufig Bilanz: zwölf Vermisste und drei Tote in der Landeshauptstadt.

anstrengend, er redete ohne Unterlass, über sein Rückenleiden, das ihm am Zupacken hindere, über seine Mutti, bei der er noch wohnte, über die Musik, die er machte. Der Wirtin Antje und ihrer Schwester verabreichte er ein Kompliment nach dem anderen. Sie buckelten Sandsäcke, und er ließ sie wissen, dass sie »ganz tolle Frauen« seien, »geile Typen«, wie er halblaut hinzufügte. Und am liebsten hätte er beide geheiratet, gleich in Gummistiefeln und Schutzhandschuhen. Nervensäge oder nicht, es war gut, dass er gekommen war, gleich nach der Flut, als alles noch so unendlich hoffnungslos aussah.

Jens-Uwe Sommerschuh

Schlamm und Zerstörung

Während beim Sandsackkampf in Dresden noch um die letzten Zentimeter gefochten wird, schickt das Fernsehen Bilder des Grauens in die Welt – aus Weesenstein, Grimma, Döbeln. Jetzt, da das stürzende Wasser so schnell verschwand wie es gekommen war, wird die Dimension der Verwüstungen deutlich, das zerstörerische Werk des Wassers sichtbar.
Die Ortsauswahl der Fernsehbilder wird von der Politik diktiert: Bundeskanzler Gerhard Schröder besichtigt die Trümmerfelder Grimmas, EU-Kommissionspräsident Romano Prodi besucht die Reste Weesensteins, der Bundespräsident Johannes Rau reist nach Döbeln. Im Tross: die Journalisten.

Dohna, Dippoldiswalde, Tharandt – aus anderen Orten gibt es solche Bilder nicht. Nicht hochrangige Politiker sind hier die ersten Fremden, die Einzug halten, sondern Soldaten der Bundeswehr. Kaum vorstellbar bis dato, dass ihre Ankunft in ostdeutschen Städten jemals so leidenschaftlich begrüßt werden würde.
Die Fernsehbilder können mit der Wirklichkeit nicht konkurrieren. Es stinkt bestialisch nach Modder, Moder und Kadaver.
Die Nässe beißt sich an den Nerven fest. Und das, was früher einmal Heimat war, ist zugeschlammt und plattgewalzt. »Es sieht aus wie nach dem Krieg«, sagen alle, selbst die Älteren, die es wissen müssen.
Die Fernsehbilder können aber mobilisieren. Bald wimmelt es in Döbeln, Grimma, Weesenstein von Helfern, während von Mulda, Nossen, Frankenberg niemand weiß.
Keine spektakulären Ruinen hat das Wasser in Bad Schandau, Rathen oder Heidenau hinterlassen. Keine spektakulären Ruinen liefern keine spektakulären Bilder. Die Stadt Wehlen hat »nur« unter Wasser gestanden, über 160 Häuser, viele bis in den ersten Stock. Unbedingt abgerissen werden muss keines der Häuser, sagt der Bürgermeister. Er sagt aber auch: Ein Neubau wäre oft nicht so teuer wie die Reparatur.

Hotel Döbe

Schulstraße in Weesenstein

319

Kellerberäumung in Dresden-Friedrichstadt

Töpferei in Schmiedeberg

Die weggespülte Biografie

Ich bin im letzten Jahr nicht in Venedig gewesen. Klaus hatte die Kamera auf sein Stativ gestellt und war mit mir über die Piazza San Marco getanzt. Nachts. Ein wunderbares Bild. Jetzt liegt es draußen auf dem Haufen.

Ich bin nie die Enkelin meiner Großmutter gewesen. Als sie starb, war ich zu klein, um ausgeprägte Erinnerungen zu haben. Meine Verbindung zu Großmutter ist das alte Vertiko, das in ihrer guten Stube stand. Auch Jahre später roch das Vertiko noch ein bisschen nach der alten Möbelpolitur, die ich als Kind so mochte. Jetzt liegt es draußen auf dem Haufen.

Ich bin auch nie ein Schmetterling gewesen. Klaus hatte mich immer so in seinen Liebesbriefen genannt: »mein kleiner bunter Schmetterling«, »mein geliebter Fuchsschwanz«, »mein lebensstarker Luftikus«. Klaus verstand es, wunderbare Liebesbriefe zu schreiben. Jetzt liegen sie draußen auf dem Haufen.

Um welches Buch es mir am meisten Leid tut? Gestatten sie mir eine Gegenfrage: Welches Kind ist ihr liebstes? Ich hatte eine Erstausgabe von Stefan Heyms »Crusaders«. Nach einer Lesung bin ich zu ihm gegangen, Herr Heym signierte mir das Buch. »Mit guten Wünschen« hat er reingeschrieben und meinen Namen.

Hans-Joachim Hunger | Wirt der Schlachthofklause

Frankenberg, 16. August

Ich war gestern zum ersten Mal gucken. Sehr weit bin ich nicht gekommen, das Wasser stand noch zu hoch. Nur ganz aus der Ferne hab ich mein Lokal gesehen. Was ich sah, war wirklich traurig.

Heute bin ich dann bis hin gekommen. Das Wasser stand noch Gummistiefel-hoch. Die Zschopau hatte den Deich zum Mühlgraben weggefegt und sich dann auf meine Gartenkneipe gestürzt. Komplette Verwüstung.

Ich bin seit 1999 Pächter des Gartenlokals. Nichts Riesiges – aber ich habe mein Auskommen. Und mein Publikum. Meine Ersparnisse stecken genauso im Lokal wie mein Herz. Erst vor einer Woche hatte ich eine neue Spülmaschine und neue Küchenmöbel geliefert bekommen. Jetzt ist alles davongeschwommen. Ich habe nur einen Gedanken: Schmeiß den Schlüssel in den Mühlgraben. Dreh dich nicht um, das hat keinen Zweck mehr. Komm hierher nie wieder zurück.

Altstadt von Pirna. Schmiedestraße

Großvater hat mir seine Bibel vererbt – die Familienbibel, wie er immer sagte. Auch da stand was drin: »Möge Gottes Segen stets bei Euch sein.« 212 Jahre alt ist das Buch geworden. Jetzt liegt es draußen auf dem Haufen.

Es gab Bücher, die in der DDR verboten waren, mir Freunde aber trotzdem reingeschmuggelt hatten. Es gab Bücher, die ich im Antiquariat gekauft habe, in Warschau, Prag oder Paris. Es gab Fotobände, Lyrik und ein Lexikon. Meyers, mit Ledereinband, von 1920. Nichts davon ist geblieben.

Plattenspieler habe ich auch keinen mehr. Wozu auch, die Schallplatten sind ja weg. Ich habe versucht, einige zu trocknen. Zum Beispiel die, die ich Anfang der 80er Jahre in Ungarn gekauft hatte. Wir schliefen damals extra im Park, um genug Geld für die Musik zu haben, die es eigentlich nur im Westen gab. Das Trocknen nützte nichts: Der Schlamm hat die Platten unbrauchbar gemacht.

Als das Wasser kam, waren wir im Urlaub. Ich erinnere mich genau an die Situation. Es hatte eine unschöne Streiterei gegeben, und ich versuchte, die Kinder zu trösten. Klaus rief: »Komm her, schnell!« Mir passte dieser Ton nicht und ich sagte, lass mich in Ruhe. »Schnell, komm, bitte«, rief Klaus und das klang wirklich panisch. Ich bin zu ihm, im Fernsehen lief das Hochwasser.

Werner Moser | Bürgermeister | Gemeinde Bennewitz

Sonntag, 18. August

Bennewitz liegt an der Freiberger Mulde. 18 Kilometer flussaufwärts vor Grimma. Bennewitz ist nur ein Drittel so groß wie Grimma. In Bennewitz sind aber ebenso viele Gebäude beschädigt wie in Grimma. Ich hätte heulen können, wenn die abends im Fernsehen immer nur über Grimma, Grimma, Grimma berichtet haben.

Wir sind Hals über Kopf abgereist und so schnell es ging über die Alpen. Es war eine schreckliche Fahrt mit dieser Vorahnung. Doch die wurde von der Realität noch übertroffen: Die Mulde hatte ein Fenster eingeschlagen, das Wasser stand zwei Meter hoch. Es geht mir gar nicht um den materiellen Schaden. Den werden wir schon irgendwie ersetzen. Viel schlimmer ist: Das Wasser hat mir meine Vergangenheit genommen. Meine Identität. Der Mensch erlebt so viel in seinem Leben, dass er einen Spickzettel für seine Erinnerungen braucht. Wenn ich im Fotoalbum blättere, kann ich den ersten Urlaub mit den Kindern noch einmal erleben. Wenn ich mir das Video der Schuleinführung angesehen habe, war das eine Zeitreise. Wenn ich in den Briefen nachlas, war das Quell für diesen Alltag: Klaus liebt dich. Oder zumindest: Er hat dich einmal wunderbar geliebt. Warum soll das nicht wiederkommen?
Mein Spickzettel ist jetzt ein großer, stinkender, schlammverkrusteter Haufen. Den wird die Müllabfuhr holen und mit anderen Spickzetteln vermischen. Die Erinnerungen werden dann auf der Halde vergraben. Ich muss noch einmal neu beginnen. Das was war, werd ich nie wieder in den Händen halten.

Manuela Riemann | Flöha

Sonntag, 18. August

Am Donnerstag konnten wir dann zum ersten Mal zu unserem Haus. Ich habe die Rückkehr kaum ertragen: 2,35 Meter hoch hatte bei uns das Wasser in der Wohnung gestanden, zehn Zentimeter unter der Decke. Jetzt war alles voller Schlamm, der Keller noch voller Wasser. Das Gartenhaus verschwunden, meine geliebte Pergola fort gespült, die Garage leer gefegt. Nicht nur, dass der drei Zentner schwere Kompressor nicht mehr da ist, auch die Barockengel, der Sekretär und die anderen Erbstücke meines Großvaters sind verschwunden. Das ist der Witz unserer Geschichte: Wir hatten die Sachen extra vom Haus hierher gebuckelt, weil die Garage etwas höher liegt. Bücher, Möbel, Teppiche, Küche – fast alles, was in der ersten Etage war, mussten wir wegschmeißen. Es gibt ein Video von unserer Rückkehr, das ich gern zeigen würde. Geht aber nicht: Wir besitzen keinen Video-Rekorder mehr. Und natürlich auch keinen Fernseher.

WIR Z EHEN UM !
- KREUZSTRASSE 10 -

OLD TOWN PU
Zentrum
P
P
Busbahnhof
P
Polizei
Landratsamt

Musik im Wasserpalais
Musik im Wasserpalais
Musik im Wasserpalais
Musik im Wasserpalais
Musik im Wasserpalais
Studenten

Döbeln

Glashütte

Die Toten

Am Montag holt sich die Flut neun Menschen: In Pirna ertrinkt ein 81-jähriger Mann, der Wäsche aus dem Keller holen wollte. Der Keller läuft voll Wasser.
In Pirna-Zuschendorf versucht ein 35-jähriger Feuerwehrmann aus Graupa, eine Frau am Seil aus der Flut zu ziehen. Er wird unter ein Auto gedrückt, ertrinkt. Die Frau überlebt.
In Dresden sterben zwei Menschen: Ein 52-Jähriger will in seinem Garten die Möbel retten. Tage später finden Taucher seine Leiche in der Flutrinne in Dresden-Übigau. Eine Frau bricht beim Wasserschöpfen in ihrem Keller zusammen. Die 68-Jährige stirbt an Herzversagen.
Zwei Menschen sterben in Weesenstein. Zuerst ist ihr Schicksal ungeklärt. Zwei Tage später wird dann die Leiche des 65-jährigen Mannes in Köttewitz gefunden – Genickbruch. Seine 48-jährige Lebensgefährtin wird erst zwei Wochen später in Dohna geborgen – aus einem angeschwemmten Geröllberg.
In Schlottwitz wird eine 38-jährige Frau von der Müglitz mitgerissen. Acht Tage später wird ihre Leiche in Mühlbach (Landkreis Sächsische Schweiz) gefunden.
Ein 50-Jähriger versucht in Lauenstein, einen angeschwemmten

Andreas Klottig | Sorgentelefon der Stadt Dresden
Montag, 19. August
Bei diesem Job musst du einiges vertragen. Viele Menschen weinen. In diesem Fall weinte eine Frau aus Johannstadt: Sie wohnt Parterre in einem Hochhaus. Das Wasser der Elbe sank zwar. Das Abwasser aber stieg – in ihrem Bad. Es floss aus der Toilette und den Abflüssen. Die Stadtentwässerung funktionierte nicht mehr – die Fäkalien, die die Menschen in den Etagen über ihr verursachten, drückten von oben in die verstopften Leitungen – und ergossen sich in ihre Wohnung. Ob sie denn schon mal mit den Mietern darüber geredet hätte. Natürlich, sagte sie, aber die scheinen sich jetzt gerade einen Gaudi draus zu machen und baden extra. Seit dem Gespräch komme sie mit Wischen gar nicht mehr nach. Ich habe gefragt: Wissen Sie, wo der Haupthahn ist. Ja, im Keller, hat sie geantwortet. Drehen sie ihn ab, hab ich geraten. Sie: Das kann ich doch nicht machen. Dann haben die oben ja kein Wasser mehr. Doch, sagte ich ihr, abdrehen, den Keller verschließen, stur bleiben und erst dann die Meinung ändern, wenn die von oben Rücksicht nehmen.

Holzstamm zu zersägen. Dabei stürzt er ins Wasser und ertrinkt. Seine Leiche wird sechs Tage später von Helfern gefunden – 300 Meter talabwärts.

In Olbernhau versagt einem 65-Jährigen bei der Evakuierung das Herz.

Am Dienstag sterben vier Menschen: In Reichstädt an der Weißeritz versucht ein Rentner, das Wegspülen der Holzvorräte der Buschmühle zu verhindern. Dabei ertrinkt er.

Eine 76-jährige Freitalerin soll per Hubschrauber vom Dach ihres Hauses gerettet werden. Sie rutscht durch den Gurt, stürzt in die Tiefe. Zwar kann sie noch schwer verletzt geborgen werden, stirbt aber wenig später im Krankenhaus von Radebeul.

In Olbernhau stirbt eine 77-Jährige bei der Evakuierung an Herzversagen.

Vier Männer aus Glauchau paddeln auf dem Hochwasser der Zwickauer Mulde. Das Boot kentert. Drei werden gerettet, ein 44-Jähriger ertrinkt. Vier Tage später wird seine Leiche in Waldenburg gefunden.

Am Mittwoch gibt es zwei Todesopfer: In Grimma versucht ein 52-Jähriger, Gegenstände in seinem Haus zu retten. Er ertrinkt.

In Pirna stirbt ein Rentner bei seiner Evakuierung an Kreislaufversagen.

THW-Helferin Ricarda Kreser | Lohr am Main

Montag, 19. August

Seit gestern Nachmittag sind wir in Pirna und pumpen Büroräume aus. Unsere Unterbringung erfolgt vorübergehend und eher zufällig in einem Kinderheim. Hier kann man wenigstens mal warm duschen.

Wir fühlen uns wie neugeboren. Die Kinder sind total hilfsbereit und unterstützen uns fleißig beim Aufbau der Feldbetten und bei der Unterbringung des Materials. Versorgt werden wir vom Lager und dem Landratsamt.

Die Straßen und Höfe sind bedeckt mit knöcheltiefem Schlamm. Die Anwohner wuseln wie Ameisen durcheinander und versuchen, die stinkende Masse mit Baggern und Schaufeln zu entfernen. Beeindruckend ist das Evakuierungslager Sonnenstein, das für die Betroffenen errichtet wurde.

Schellenberg an der Flöha

Fortgespülte Zschopau-Brücke bei Braunsdorf

Am Freitag holt sich die Flut einen 58-jährigen Dresdner. Der wollte vor seiner Evakuierung aus Kleinzschachwitz noch etwas aus dem Keller holen. Das Wasser strömt nach, er ertrinkt. Am Sonntag kehrt eine 77-Jährige nach der Evakuierung in ihr Haus zurück. Sie stirbt an einer Herzattacke.
Am 21. August stirbt ein 35-jähriger Helfer in der Universitätsklinik zu Leipzig. Er war mit seinem Radlader über eine gesperrte Straße gefahren, umgekippt. Dabei verletzte er sich tödlich. Unklar ist, wann und wie ein 31-Jähriger umkam. Seine Leiche wird auf einem Firmengelände in Dresden-Plauen gefunden.

20 Tote allein in Sachsen. Die Zahl der noch Vermissten beziffert die Polizei Mitte September auf vier, die der verletzten Personen auf 110. Evakuiert waren in Sachsen zwischenzeitlich 33 000 Personen.

Unser nächster Einsatz erfolgt in einer Poliklinik. Wir sollen den Keller auspumpen, der 2 Meter unter Wasser steht, wodurch die Stromversorgung gefährdet ist. Habe einen Anruf meines Chefs aus der Firma erhalten, der mir versicherte, alle Kollegen fieberten mit und seien stolz auf mich.
Im Laufe des Tages soll ich abgelöst werden. Dann geht's nach Hause, und ich glaube, ein bisschen Ruhe wäre bestimmt nicht schlecht.

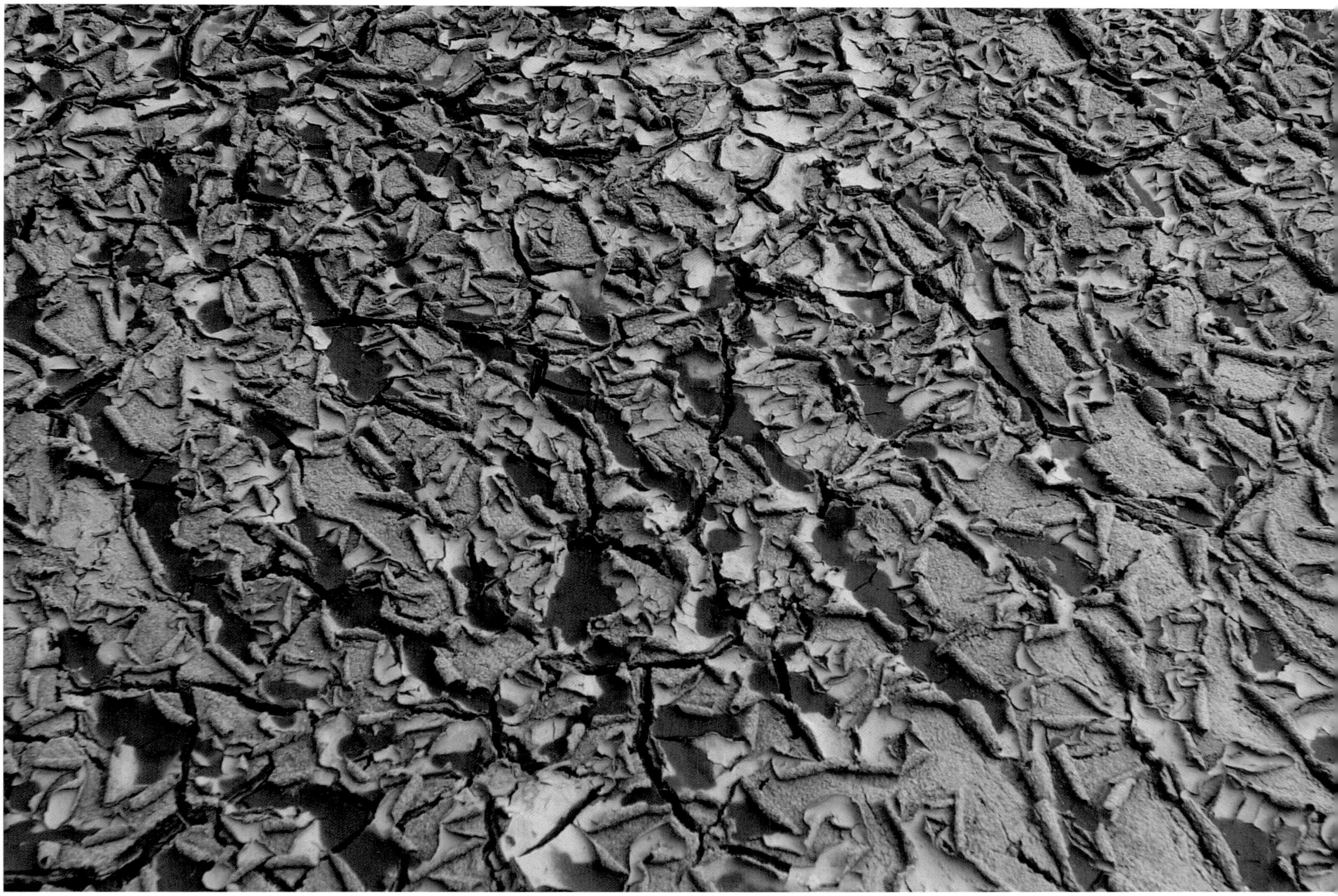

Zschopau bei Niederwiesa: Der Versuch, den Kofferraum zu öffnen

Weesenstein

Clausnitz

Hoffentlich Allianz versichert

Die Flut wird für die meisten Betroffenen zum finanziellen Desaster: Normale Hausrat- oder Gebäudeversicherungen kommen zwar bei Sturm, Feuer oder Hagel für die Schäden auf. Nicht aber bei Hochwasser. Nur wer den Zusatz »Elementarschaden« abgeschlossen hat, bekommt etwas zurück.
Nach Angaben des Gesamtverbandes der Deutschen Versicherungswirtschaft haben diesen Zusatzvertrag aber nur etwa zehn Prozent der Betroffenen abgeschlossen.
Glück hat dagegen, wer noch eine Hausratversicherung aus sozialistischen Zeiten hat: Die nämlich deckt auch den Schutz gegen Hochwasser ab. Nach der Wende hatte die Allianz-Versicherung drei Millionen DDR-Verträge übernommen – und damit den Versicherungsschutz gegen Hochwasser. Pech hat, wer seine Versicherung seitdem umschrieb – etwa wegen Wohnungswechsel, Neuanschaffung oder Werterhöhung. Mit der Unterschrift unter einen neuen Vertrag erlischt das DDR-Privileg.
Die Allianz berichtete in der ersten Woche nach der Katastrophe von über 2 500 verzweifelten Anrufern pro Tag. Ihnen wurde meist mitgeteilt: Ihre DDR-Police gilt nicht mehr.

Andreas Klottig | Sorgentelefon der Stadt Dresden
SONNTAG, 18. AUGUST

Eine Frau aus dem Vogtland am Apparat. Die Tiere. Sie hatte Bilder gesehen. Vom Zoo. Den toten Elefanten. Den ertrunkenen Tiger. Eine Schweinerei. Auch Tiere hätten ein Recht auf Leben. Die Wärter hätten sich nur um ihr eigenes Wohl gekümmert.
Moment, habe ich geantwortet, sie verwechseln wohl den Zoo in Dresden mit dem in Prag. Nein, sagte sie. Das Fernsehen. Sie hätte doch alles ganz genau gesehen. Mit eigenen Augen.
Das Hochwasser der Weißeritz hatte tatsächlich auch den Dresdner Zoo erwischt. Allerdings längst nicht so schlimm, wie den Zoo in Prag. Die Frau blieb aber dabei: Dresden. Gesehen im Fernsehen. Mit eigenen Augen. Man müsse die Tiere freilassen. Ich habe sie gefragt: Den Löwen frei lassen? Ja. Unbedingt. Und: Sie verlangte Konsequenzen. Die Verantwortlichen müssten angeklagt werden.
Zu diesem Zeitpunkt wussten wir sicher von 15 toten Menschen. Mir blieb nichts anderes, als ihr die Nummer vom Zoodirektor zu geben.

Bahnübergang in Niederschlottwitz

Jagdpavillon im Schloßgarten Weesenstein

HRS HOCH- UND TIEFBAUUNTERNEHMEN
Heinz Richter GmbH
Zum Bahnsteig
Bahnhof
Glashütte (Sachs)
Schalterhalle

Fußballstadion in Flöha

Straßenreste in Weesenstein

Das tollwütige Bächel

Nein, ausgeschlafen wirkt Dieter Förster nicht. Mit freiem Oberkörper und in Shorts macht er sich an seinem Garagentor zu schaffen. Das hat nur ein paar Beulen, sonst nichts. Doch was nutzt ein Tor, wenn es die Garage nicht mehr gibt? Wo bis vor einer Woche das Auto stand, ist heute nur frische Luft und gurgelndes Wasser. Diese Nacht hat Dieter Förster zum ersten Mal wieder in seinem Haus verbracht. Seit Montag schlief die Familie oben am Schloss bei Nachbarn – seit jener Stunde, als die Seidewitz, das »Bächel«, wie sie hier sagen, zu einem rasenden Lindwurm anschwoll und in Zuschendorf, einem Ortsteil von Pirna, seine Spur hinterließ.

Heute ist Heimkehr, die Förster'sche Hollywoodschaukel steht wieder auf ihrem Platz, die Pergola auch, nur das Auto bleibt auf der Straße. Gott sei Dank ist das Obergeschoss trocken geblieben. Nein, er habe nicht gut geschlafen, sagt Förster und geht wieder zur »Garage«. Ausgerechnet in dieser Nacht gab es Gewitter. »Da schläft man doch nicht!«, sagt er. Nicht mehr, obwohl das Dach frisch gedeckt ist und die Steine karminrot leuchten. Gegen Wasser von oben gibt es Dächer und Rinnen. Aber was gibt es gegen Wasser von unten?

Matthias Beutner | Berufsfeuerwehrmann

DRESDEN, 19. AUGUST

Stundenlang, tagelang hatten wir gekämpft. Was steckt da nicht für Kraft, für menschliche Energie in jedem Zentimeter Damm, in jedem Liter abgepumpten Wasser. Zum Beispiel im Schießhaus. Wir hatten es bis auf 5 Zentimeter runter drücken können. Wohlgemerkt: Im Keller!

Jetzt habe ich das Schießhaus wieder gesehen. Zwei Meter hatte es unter Wasser gestanden, die total Verwüstung. Wozu der Aufwand, frage ich mich. Es war alles umsonst.

Altstadt in Meißen

Altstadt in Grimma

Was heißt hier Wasser? Es geht nicht um Nässe, Kurzschluss oder Schimmelbildung. Es geht um eine Macht, die alle Vorstellungen im Tal übersteigt, die sich nicht um Grundbücher, Kredite und Hypotheken schert, mit denen Häuser und Grundstücke belastet sind wie überall in Deutschland. Eine Kraft, die Vorwarnungen, Sandsäcke und Staustufen ignoriert und die sich nicht mehr an ihr glattes Bett aus Beton hält. Das Bächel, jahrzehntelang gezähmt und lammfromm, ist tollwütig geworden. Nun traut sich keiner mehr heran.

Dieter Försters Sohn fährt mit einer Karre Schwemmerde aus dem Garten. Oben auf der Straße steht die Quartiergeberin vom Schloss, redet und redet, will gehen, bleibt doch, gräbt in Erinnerungen und wirkt, als schäme sie sich, so glimpflich davongekommen zu sein. »Die Leute haben doch noch am Sonntag in ihren Gärten gesessen und gegrillt!«, ruft sie, schüttelt den Kopf. Deutsche Gemütlichkeit: Bier in der Flasche, Fleisch auf dem Grill, unten plätscherte das Bächel – das ist eine Episode aus der Zeit, da Katastrophen nur über ferne Länder und die Tagesschau ins Haus kamen.

Wenn überhaupt. Vorletzte Woche schwammen an der russischen Schwarzmeerküste Autos im Meer herum. 24 Stunden nach dem Grillabend flimmerten Bilder aus Sachsen europaweit über die

Bildschirme, auf denen Karossen, Gasflaschen und Container wie Papierschiffchen ins Tal schossen. »Das ging doch alles so schnell!« Die Quartiergeberin presst die Faust gegen die Brust. »Hochwasser gab es 1927 und 1957. Das hier ist eine Sintflut gewesen!«

Und was es alles für Gerüchte gab! Die Mauer des Rückhaltebeckens sei geborsten, behaupteten welche. Tagelang ohne Telefon, Radio, Fernsehen, Zeitung. Keine Ratgeber-, keine Experten-, keine Politikerinterviews – das Bächel hat die Informationsgesellschaft fortgespült.

Jetzt macht sich jeder seinen Reim: Man hätte die Menschen zeitiger warnen müssen, sagen die einen. Gegen eine Sintflut sei kein Kraut gewachsen, sagen die anderen. 1927 sei alles noch viel schlimmer gewesen, beharren wieder andere. »Vor 400 Jahren war sogar der Hang oben am Schloss ins Rutschen geraten«, sagt die Quartiergeberin und öffnet die Faust, in der es metallisch glänzt. Wie einen Schatz trägt sie ihr Schlüsselbund bei sich. Wohl dem, der eine Zuflucht hat.

Sintflut – wo Erfahrung und Historie keinen Vergleich bieten, sucht man beim Mythos: Die einen denken an die Bibel, andere an die Titanic. Dieter Förster kommt aus dem Haus, werkelt weiter, buschige Brauen, hoffnungsvolle Augen, ein besonnener Geselle.

Lutz Stellmacher | Dresden Laubegast

Montag, 19. August

Ich bin heute mit Erdmuth Zöllner zur Wohnungsgenossenschaft nach Prohlis gefahren. Wir wollen uns eine Ersatzwohnung zuteilen lassen. Das Büro ist prima ausgeschildert, aus einem Lager werden Matratzen und Decken angeboten. Wir müssen nicht warten, alle sind sehr nett. Prohlis ist ein Plattenbauviertel, das es nach der Wende nicht geschafft hat, durch schnelle Sanierung seine Bewohner zu halten. Hier wohnt meist, wer arm oder alt ist. In der uns zugeteilten Wohnung ist die Tapete ab, es riecht nach Beton. Ein Drittel des Hauses steht leer. Die Alteinwohner sehen uns misstrauisch an. Es riecht nach zu vielen Zigaretten. Erdmuth fragt immer wieder, wo sie einen Herd herbekommt.

Sportgeschäft in Wilkau-Hasslau

Und doch repariert er ein Tor, das statt des Familienautos nur noch den Fluss bewacht. Vielleicht hat das ja tatsächlich Sinn. »Es geht irgendwie weiter«, sagt er, zuckt mit den Schultern. »Muss ja!«
Vor Försters Haus hat die Straße nichts abbekommen, sie ist sowieso nicht die beste. Im September sollte sie erneuert werden. »Und die Stadtverwaltung hat jetzt gesagt, das wird auch – planmäßig!« Realistisch ist das nicht. Förster lacht kurz auf und geht zur Garage. Der Mann repariert ein Tor, die Verwaltung beharrt auf Plänen – die alte Ordnung wirkt fort wie ein Reflex.
Die Frau mit dem Schlüsselbund ist nun doch gegangen. Auch Elisabeth Franke hat einen Schlüssel. Nur eine Zuflucht hat sie nicht mehr. Hier hat sich das Bächel mehr genommen als eine Garage. Elisabeth Franke hatte ein schönes Haus, solide gebaut mit Mansardendach. Die Flut hat zuerst die Brücke, dann das Fundament Stück für Stück weggeleckt wie Kandis. Einfach aufgelöst, wie sich das Leben aufgelöst hat. Oder doch zumindest der Glaube an die Sicherheit darin. Nun steht Elisabeth Franke mit ihrem Sohn am Ufer und sieht mit an, wie Fremde mit Fingern in ihr Schlafzimmer deuten. Man kann auf das Bett schauen und auch darunter. Man kann wie in einer Puppenstube in das Bad blicken und in das Wohnzimmer mit Sessel und Fernseher. Elisabeth Franke trägt Rock und rotes Hemd und steht doch entblößt

Gerald Gotthard | Geschäftsführer der Rheinsberger Spezialpapier GmbH
MONTAG, 19. AUGUST
Ich muss nächste Woche liefern. Unsere Papierfabrik liegt am Zusammenfluss von Bobritzsch und Mulde. Vor einer Woche trafen hier zeitgleich ihre Hochwasserscheitel aufeinander, das Wasser stand zwei Meter hoch in den Werkshallen. Nicht nur, dass mehrere Betriebsteile zerstört wurden. Es sind auch alle Rohstoffe weggespült – mehrere Zentner schwere Papierballen, manche bis nach Döbeln. Ich muss nächste Woche liefern. Aber ich habe keine Ware mehr. Auch die ging den Bach runter – mehrere Wochenproduktionen sind futsch.

Media-Markt im Dresdner Elbepark

Altstadt in Meißen

vor allen Leuten, von denen manche fotografieren. Dagegen rebelliert sie kurz: Wenn schon obszöne Bilder, will sie wenigstens Geld in ihrer Not.

Aber gegen das Rauschen des Wassers wirkt sie stumm. Da, wo sie ihr Leben verbracht hat, kriecht Moder hervor. Von oben scheint wieder die Sonne und kitzelt im ganzen Tal die Fäulnis aus Mauern, Dielen und Möbeln. Doch hier bei dem Kadaver aus Holz und Stein stinkt es noch mehr. Müllcontainer riechen so. Diese Kränkung ist eigentlich zu groß. Vielleicht wäre es besser, Elisabeth Franke ins Krankenhaus zu bringen. Aber in welches? Das Elbtal wird gerade evakuiert.

Mit einer seltsamen Energie blickt Elisabeth Franke auf das Haus. »Seit 1928 ist es in unserem Besitz«, murmelt sie. Ihr Sohn, der Christian, der »Elektro-Franke«, hat noch auf die Uhr geschaut, als die Flut kam. »Am Montag um 16 Uhr war die Brücke letztmalig passierbar«, sagt er wie ein Protokollführer. Normalerweise rechne man hier nach drei Tagen Dauerregen mit Hochwasser, sagt er. »Diesmal hat es keine 16 Stunden gedauert.« Und am Anfang sei eher weniger Wasser gekommen. Die Brücke führte von der Straße am Haus vorbei zu seiner Firma. Als sie fortgespült war, stand das Haus ohne Schutz da.

Da, wo das halbe Haus stand, fließt nun ein Gewässer zweiter

Experten haben einen Schaden von 850 000 Euro in der Fabrik ermittelt. Aber schlimmer ist: Ich muss liefern. Und zwar an meinen wichtigsten Kunden. Wir haben den Betrieb vor acht Jahren übernommen. Inzwischen erwirtschaften wir mit 36 Arbeitern 2 Millionen Euro Umsatz. Bis zur Flut war das ein florierendes Unternehmen mit ordentlicher Auftragslage. Jetzt aber kann ich nicht mehr liefern. Wenn ich den Großkunden aus Süddeutschland deshalb verliere, kann ich gleich dicht machen. Verständnis? Doch, das wird er wohl haben. Aber auch er hat ja Liefertermine. Die kann er nur einhalten, wenn er jetzt woanders kauft.

Straßenbahnschienen in Dresden-Löbtau

Weißeritzbrücke in Dresden-Plauen

Ordnung. Elektro-Franke scheint gewillt, das Haus wieder aufzubauen. Geld vom Staat werde es wohl kaum geben, vermutet er. »Bei den Schäden überall!« Ein Mann geht auf sie zu. »Guten Tag, ich bin Pfarrer Rau aus Pirna, ist das Ihr Haus?« Elisabeth Franke nickt. Der Pfarrer legt den Arm um sie.
Vom Schloss her kommt ein alter Mann mit Stock und Hut. »Den sechsten Tag ohne Strom!«, ruft er. Er trippelt zum Bächel und kräht seine Botschaft, wieder und wieder. »Was wollt ihr hier?«, ruft er plötzlich. Unten auf der Straße stehen die Autos geparkt, neugierig schauen Menschen auf die Häuser: auf das von Frankes und auf das Nachbarhaus, das auch nur noch zur Hälfte steht. Videokameras werden geschwenkt, Blitze zucken aus Fotoapparaten. Die Distanz ist verschwunden – die Privatsphäre von gestern ist das Heimkino von morgen. Demnächst flimmern die Aufnahmen vom Frankeschen Elend über den heimischen Bildschirm. »Was wollt ihr hier? Nehmt euch eine Schippe!« Der Alte ist zu klein und zu schwach, um beachtet zu werden, die meisten hören ihn nicht, ununterbrochen fahren Autos vorbei.
Im benachbarten Tal schäumt die Müglitz, sie hat dem Städtchen Glashütte den Garaus gemacht, eigentlich ist das ganze Tal verwüstet. In Dohna lodern Feuer, alles, was halbwegs brennt, wird hineingeworfen: Zäune, Äste, Reste eines Bauwagens. Und der alte

THW-Helferin Ricarda Kreser | Lohr am Main

Dienstag, 20. August

Nach 6 Stunden Fahrt sind wir endlich zu Hause. Ich ertappe mich dabei, wie ich hinter Straßenbiegungen nach dem Wasserstand schielen will, aber da ist natürlich kein Wasser. Die Daheimgebliebenen empfangen uns fröhlich. Zum Abendessen haben wir uns Pizza gewünscht – wir können keine belegten Brötchen mehr sehen. Nachts träume ich von Sandsäcken.
Ich bin wieder auf der Arbeit. Meine Chefin und die Kollegen löchern mich mit Fragen. Zwischendurch ruft mich ein Kamerad aus Pirna an und gibt mir die aktuellsten Informationen: Sie haben Kontakte zur örtlichen Feuerwehr geknüpft. Mit drei Tauchpumpen wurde der Keller der Berufsschule geleert, mit der Hannibal nehmen sie die Kellerräume der Kinderpoliklinik in Angriff, müssen aber aufgeben, da das Grundwasser noch nachdrückt.
Kurz vor Mitternacht bin ich zu Hause. Vor dem Einschlafen denke ich an meine Kameraden. Schade, dass ich nicht mehr dabei sein kann. Andererseits: Schön, dass ich im weichen Bett liege.

Lungwitzer Straße in St.-Egidien

Altenberger Straße in Weesenstein

Neubert lehnt an seinem Haus. Barfuß steht er da, in Jeans, um den Bauch ein geflochtener Gürtel: ein Patriarch mit schlohweißem Haar, der im Mai sein Zweiradgeschäft an den Sohn übergeben hat. Vorher wurde der Laden aufgemöbelt. Jetzt hat der Fluss eine Hausecke fortgespült. Aus der Straße ist ein Flussbett geworden. Geröll, Scherben, Eisenteile, rote, gelbe und schwarze Leitungen und Krater haben den Asphalt ersetzt.
Die Fahrräder haben sie noch ins Dachgeschoss bringen können. Auf der letzten Asphaltzunge stehen eine Biertischgarnitur und ein Grill. Ringsum wirbeln Frauen, Kinder, Halbwüchsige und Männer – die halbe Fußballmannschaft von »Chemie Dohna« ist da. Vater und Sohn Neubert sind im Verein. Zwei Dutzend Leute schleppen Steine aus dem Flussbett, das eine Straße war, und waschen verschlammten Hausrat. Manche Mutter sieht mit den Steinen aus wie eine Trümmerfrau. »Ja, da kann man den Hut ziehen«, schwärmt Neubert senior.
»Pause!«, ruft einer. Brot wird gereicht, Wasser und Bier. Da sitzen sie und lachen, und der alte Neubert schiebt sich heran. Die Distanz ist verschwunden – auch hier. Nur Stoff für Videoamateure gibt diese Szene nicht.

Thomas Gerlach

Ein Anonymus | Flöha

Dienstag, 20. August

Der Chef hat uns gekündigt. So, wie es in der Firma aussieht, kann man das verstehen. Er muss aber auch uns mal verstehen: Erst stand das Wasser in der Wohnung, jetzt steht man jobmäßig im Regen. Natürlich gehen wir jeden Tag in die Firma zum Aufräumen. Viele hoffen, dass es weiter geht. Dass sie wieder eingestellt werden. Vielleicht geht es sogar wirklich weiter. Soviel aber ist klar: Wenn, dann auf sehr viel niedrigerem Niveau. Und auch nur mit einem Teil der Belegschaft.

Zuversicht und Neuanfang

THIS WAY UP
DO NOT DROP

Eile tut Not. Wenn der Schlamm erst trocken ist, wird man ihn nicht mehr los. Also beginnen die Menschen an Mulde, Weißeritz oder Elbe Schlamm zu schaufeln und aufzuräumen. Aufräumen heißt vielerorts: Wegschmeißen – und zwar nicht selten alles was man einst besaß.
Andernorts erwacht eine Hilfsbereitschaft, die kaum jemand in Deutschland für möglich gehalten hätte: Konvois mit Sachspenden rollen aus der ganzen Republik nach Flöha, Freital, Mulda oder Roßwein. Die Frage: »Was kann ich helfen« wird zum geflügelten Wort: Wildfremde Menschen aus Freiberg, Freyburg oder Freiburg klopfen an das, was von der Gartenpforte übrig blieb und fassen tatkräftig mit an. Patenschaften entstehen zwischen Hausbesitzern, Handwerkern, Händlern und machen klar: nicht nur die Betroffenen sind betroffen, sondern auch die anderen.
Wer nicht selbst hilft, spendet. Schon in der ersten Woche gehen sieben Millionen Euro bei der Caritas ein, acht beim Roten Kreuz. Die ARD-Spendengala bring 22 Millionen zusammen, die Johanniter unterstützen 50 Projekte mit 4 Millionen Euro, die Diakonie sammelt 12 Millionen. Dass die Spendensumme leicht auf 100 Millionen Euro anschwellen könnte, ist eine weniger leichtsinnige Wette, als bei Bayern München im Duell mit einem Kreisligisten auf Sieg zu setzen.
So spontan und unpathetisch diese Hilfe zu Stande kommt, so schwer tut sich die Politik. Kanzler Gerhard Schröder verspricht Millionen, die Oppossition fordert Milliarden. Kanzler Schröder verspricht Milliarden, die Opposition fordert noch mehr. Wie das Geld aufgebracht werden soll? Zumindest nicht durch Patriotismus. Es ist Wahlkampf in Deutschland und da will niemand das Wahlvolk durch einen Griff in dessen Portemonnaie verprellen.
So geht die Regierung den Weg des geringsten Widerstandes: Mit den Stimmen der SPD, der Bündnisgrünen und der PDS verschiebt der Bundestag am 12. September die zweite Stufe der Steuerreform. Die FDP stimmt dagegen, die Union enthält sich der Stimme. Die Finanzierung der Flutschäden, die eine ausgezeichnete Chance zum Patriotismus bot, verkommt zu parteipolitischem Gezänk.
Immerhin werden so 7,1 Milliarden Euro bereitgestellt, die ergänzt mit Mitteln der Europäischen Gemeinschaft ein Zehn-Milliarden-Hilfspaket ergeben. Fraglich ist, wieviel von diesem Geld wann und auf welche Weise bei den Betroffenen ankommt. Diese springenden Punkte bieten trefflichen Anlass zu allerlei Streit. Das Land Sachsen streitet mit der Bundesregierung, die Bundesregierung mit dem Land Sachsen. Ihr überweist uns kein Geld, sagen die einen. Ihr zahlt es nicht aus, die anderen. Sachsen bilanziert 15 Milliarden Euro Schaden, Sachsen-Anhalt meldet daraufhin acht Milliarden an.
Die Menschen in Schmilka, Dippoldiswalde oder Nossen haben Wichtigeres zu tun, als sich um diese Details zu kümmern.
500 Euro Soforthilfe haben sie von der Landesregierung erhalten, die jetzt in Wischtücher, Scheuersand oder Heißlufttrockner investiert werden. Binnen einer Woche wird in den betroffenen Städten soviel Wasser verbraucht, wie sonst im ganzen Jahr. Binnen weniger Tage müssen die Kommunen soviel Müll beräumen, wie sonst in 12 Monaten.
Wer zu Hause abkömmlich ist, hilft in der Firma: Nicht wenigen droht nach dem Verlust des eigenen Heims nun auch noch der des Arbeitsplatzes. Doch allerorten hört man jetzt: »Es wird schon werden«. Und: »Andere hat es schlimmer getroffen.« Noch wabert der Gestank durch Keller und Gemäuer. Noch müssen die Wände trocknen, bevor sie neu verputzt werden können. Noch ist das Leben ein Provisorium. Doch kehrt Hoffnung und Zuversicht in die Täler zurück.
Und draußen hängen Transparente: »Vielen Dank an euch, ihr Helfer«.

Alles kaputt, alles verloren

Dies ist die Geschichte von Fleischermeister Manfred Keller aus Grimma in Sachsen, dem die Flut das Geschäft weggeschwemmt hat. Genauso gut könnte es die Geschichte von Optiker Matthias Beckel sein, der seinen Laden verlor samt der Inneneinrichtung, die er sich 1995 extra aus dem Schwarzwald liefern ließ, weil er dachte: »So etwas kaufst du nur einmal im Leben!« Oder vom Herrenausstatter Weiland, der kubikmeterweise Anzüge und Hemden und Socken weggeschmissen hat, sich aber zum Stall im Garten, wo die ersoffenen Kaninchen und Meerschweinchen liegen, noch nicht getraut hat. Oder von Pfarrer Christian Behr, der sich um gleich vier vollgelaufene Häuser kümmert – Kirche, Pfarramt, Gemeindezentrum und sein Wohnhaus – und noch Dutzende traumatisierte Menschen betreut. Genauso gut könnte es die Geschichte von mehr als 3000 anderen Leuten aus Grimma sein. Oder von Menschen aus Glashütte, Döbeln und Pirna.
Dies ist aber die Geschichte von Fleischermeister Keller, Markt 1, 04668 Grimma. In schwieriger Zeit, vor 25 Jahren in der DDR, hat er das Geschäft von seinem Vater übernommen. Seit 1990 investierte er rund 2,5 Millionen Mark. Just vor drei Wochen war er fertig geworden mit seinem persönlichen »Aufbau Ost«, auch

Hans-Joachim Hunger | Wirt der Schlachthofklause
FRANKENBERG, 18. AUGUST
Ich bin immer überzeugter Atheist gewesen. Da bin ich mir jetzt nicht mehr so sicher. Irgend etwas muss es mit diesem Wasser auf sich haben. Ein Zeichen? Ein biblisches gar? Ich nehme es als solches, ich habe wirklich keine Kraft mehr, neu anzufangen.
Gestern sind dann aber die ersten Stammkunden gekommen. »Hans, nu los,« haben sie gesagt, »was kann ich helfen?« Ich hab zuerst gar nicht kapiert, was sie wollten. Weitergehen, es muss doch weitergehen, haben sie immer wieder gesagt. Ich war nicht sehr überzeugt. Immerhin: Es tat gut und so haben wir angefangen, den ganzen Mist, den stinkenden Schlamm wegzuräumen, die Paneele, Sitzecken und den Tresen auch. Am Nachmittag waren dann bis zu zehn Leute da, das ging ganz gut voran.
Heute bin ich froh darüber. Ich weiß nicht, ob wir die Schlachthofklause jemals wieder hinbekommen. Aber eines weiß ich: Diese Anteilnahme hilft mir sehr.

Frankebrücke über die Gimmlitz in Lichtenberg

Keller des Krankenhauses in Dresden-Friedrichstadt

der letzte Küchenraum war nun neu gefliest. Alles zerstört, alles verloren. »Wenn meine Tochter nicht wäre«, sagt der 48-Jährige, »ich weiß nicht, ob ich noch mal von vorn anfangen tät.«
Sein Grundstück beginnt vorn am Markt mit dem schmucken Laden, helle Kacheln, achteinhalb Meter Kühltheke, ein Kristallleuchter. Jede Woche verkaufte er eineinhalb Tonnen Fleisch, Wurst und Mittagsmenüs, die seine 13 Beschäftigten hinten im Haus in mehreren Küchen, Kühlräumen und Räucherkammern produzierten. Als seine Leute halb sechs an jenem Dienstag zur Arbeit kamen, wateten sie schon durchs Wasser. Den Keller hatten sie in der Nacht zuvor leergeräumt, denn es war ein Hochwasser angekündigt: eine Flut wie die von 1954, der schlimmsten seit Menschengedenken, als die Mulde knietief auf dem Marktplatz stand. Also hatten sie in der Fleischerei die teuersten Geräte hoch auf die Regale gestellt. Um halb acht stand die Brühe schon bis zur Brust. Manfred Keller trug drei Präzisionswaagen und zwei Aufschnittmaschinen in den ersten Stock, dann fiel ihm seine Mutter ein, die im Hinterhaus wohnt. Aber auf den Hof kam er schon nicht mehr, weil die Strömung gegen die Türen drückte. Er stieg über die Dächer nach hinten und kletterte mit der 80-jährigen Frau zurück. Einen Zentimeter unter der Ladendecke stand das Wasser.

Lutz Stellmacher | Dresden Laubegast

Dienstag, 20. August

In Laubegast setzt das große Aufräumen ein. Vielleicht denkt man angesichts der Fernsehbilder in München oder Rostock: Die armen Hochwasseropfer, wie sollen die das schaffen! Es ist gar nicht so schlimm. Scharenweise kommen Helfer, Schulklassen, wildfremde Menschen, von überall her. Alles was nass ist, fliegt raus. Auf der Straße bilden sich gigantische Müllberge, man kommt kaum noch durch. Was heißt Müll: Vor ein paar Tagen war das noch die gute Couchgarnitur, der teure Teppich, die praktische Küche. Es stinkt erbärmlich nach Fäulnis, nach Schlamm, nach Diesel, die ganze Straße ist eine zähe Schmiere.

Warenlager auf der Prager Straße in Dresden

»Es ging so was von schnell«, sagt Keller. Vor Grimma macht die Mulde eine scharfe Rechtskurve, zwängt sich zwischen einen Felsen mit dem Stadtwald und die Grimmaer Altstadt. Normalerweise. An jenem Dienstag war ihr das zu umständlich, geradewegs schoss sie in die Stadt. Die Straßen, die parallel zum Fluss verlaufen, wurden zu rasenden Strömen. Die Feuerwehrmänner, die mit Schlauchbooten Hunderte Menschen retteten, fühlten sich wie beim Wildwasserrafting.

So schnell sie gekommen war, verschwand die Mulde wieder. Fundamente wurden unterspült, Häuser sackten zusammen. In der Töpferstraße riss die Mulde eine Fassade weg; das zweistöckige Wohnhaus sieht nun aus wie eine Puppenstube. Bis zu zwei Meter tief wurden Straßen ausgefräst. Die alte Muldenbrücke, die 300 Jahre lang alle Fluten überstand, ist eingefallen. Unten an der Mühle sind an einer Hausecke die historischen Pegelstände verzeichnet: 1926 knöchelhoch, 1974 bis zum Bauchnabel, 1954 bis zum Kopf. In gut drei Meter Höhe, am obersten Strich, steht die Jahreszahl 1771. Jetzt ist die Wand noch zwei Meter darüber durchnässt. Etwa 700 Häuser wurden beschädigt, etliche werden noch zusammenbrechen, sobald die Lehmwände trocknen und wegsacken. Bürgermeister Matthias Berger sagt: »Grimma sieht um Welten schlechter aus als nach dem Krieg.«

In unserem Erdgeschoss muss der ganze Trockenbau raus. Wände werden aufgesägt, die Isolierung entfernt. Das Haus ist erst vier Jahre alt. Solange zu räumen und zu trocknen ist, bleibt keine Zeit für Depressionen. Und ganz Deutschland nimmt riesigen Anteil. Ein LKW aus Frankfurt quält sich durch das Chaos in unsere Straße. »Hilfe für Hochwasser-Kinder in Dresden« steht daran geschrieben. Es gibt palettenweise Saft, Apfelsinen, Schokolade, Brot und Zwiebeln. Wir greifen dankbar zu.

Eine Autowerkstatt in St. Egidien

Eine Gärtnerei in Podelwitz bei Zschadraß

Die Fleischerei Keller steht nicht an der tiefen Seite des Marktes, das Haus hat massive Wände und hohe Decken. Im ersten Stock saß Manfred Keller mit Frau und Mutter trocken, unter ihm die Fluten. Im Laden splitterte das Sicherheitsglas, dessen Hersteller damit wirbt, dass es den Schlägen einer Spitzhacke standhält. Ein riesiger Baumstamm, erzählt Keller, bohrte sich durch das Fenster der Volksbank schräg gegenüber und schoss zur anderen Seite wieder heraus. Autos schwammen wie Pappschachteln in der Mulde. Keller sagt, er habe noch Glück gehabt. Anderen stand das Wasser im ersten Stock bis zur Brust. Ein paar Häuser weiter wurde ein Mann in seinem Geschäft eingeschlossen. Durch ein kleines Oberlicht über der Ladentür konnte er sich in letzter Minute retten. Jeder in Grimma erzählt Geschichten von Leuten, die es noch härter getroffen hat. Keller sagt, einer seiner Gesellen habe sich gefürchtet wie ein kleines Kind. Von der eigenen Angst sagt er nichts.

Es stinkt nach Brackwasser, angereichert mit Dieselschwaden. Das Bürsten harter Besen, das Klappern von Schaufeln, das Knattern von Pumpen und Notstromaggregaten erfüllen die Altstadt. In den Straßen türmen sich Schränke, Sofas, Kuscheltiere, Fahrräder, mit einer braunen Kruste aus Morast überzogen. Freiwillige Helfer strömen nach Grimma. Bei Manfred Keller

Ein Anonymus | Flöha

Dienstag, 17. September

Es gibt jetzt viel Neid. Bei uns waren 25 Helfer. Bei unserem Nachbarn nur zehn. Wir haben uns eigentlich immer gut verstanden. Jetzt redet er nicht mehr mit uns. Das Haus an der Brücke gehört einem Feuerwehrmann. Die ganze Zeit über hat er anderen geholfen. Leute gerettet, Keller ausgepumpt, an vorderster Front in den Fluten gestanden. Während er für andere kämpfte, fraß die Flöha die eine Seite seines Hauses weg. Damals hieß es: Was für ein Held.

Seitdem aber das ZDF den Wiederaufbau seines Hauses dokumentiert, Spendengeld sammelt und regelmäßig über den Stand der Arbeiten berichtet, heißt es: Der Millionär. Der verdient sich mit der Flut eine goldene Nase. Der ist zum Fernsehstar geworden.

Als das Wasser da war, haben die Menschen zusammengestanden. Jetzt argwöhnt jeder, der andere bekommt mehr Geld. Das ist wirklich traurig.

BISTRA BAU
Bistra
Bau
LIEBHERR

Aufräumen im Zwinger, in Dresden-Tolkewitz, in Laubegast

stehen wildfremde Leute aus Leipzig, Erfurt und Hannover in der Küche und schlagen Fliesen von den Wänden, reißen den geteerten Kork heraus, mit dem Kellers Vater vor 50 Jahren die Kühlräume gedämmt hat. Durch die Straßen gehen Frauen und verteilen belegte Brote. Die Grimmaer verdrängen ihr Unglück erst einmal mit geschäftigem Tun. Das tiefe Loch kommt noch, wenn die Freiwilligen fort sind und die Grimmaer in ihren leeren Geschäften und den feuchten Stuben sitzen. Am Sonntag, Tag fünf nach der Flut, berichten Seelsorger von ersten Zusammenbrüchen.
Mit einer Kiste Radeberger stehen acht Männer vor der Fleischerei Keller in der Sonne und machen Pause. Sie lachen über makabre Witze. Schimpfen auf die Regierung. Fachsimpeln über Versicherungen. Glücklich ist nun jeder, der sich nach der Wende nicht von smarten Maklern neue Verträge aufschwatzen ließ, denn die alten DDR-Hausratversicherungen, die von der Allianz übernommen wurden, schließen auch Hochwasserschäden ein. Manfred Keller lacht mal mit, mal dreht er stumm und mit starrem Blick die Flasche Bier in den Händen. Einer meint, die Lage jetzt sei schwieriger als nach der Wende. »Damals waren wir wenigstens schuldenfrei.« Kellers Kreditraten betragen 3 000 Euro pro Monat. Eine Versicherung für den Laden hat er nicht. Wie soll er neue Kredite aufnehmen, wenn er noch die alten abzahlt?

Hans-Henner Steinborn | Gesundheitsamt Landkreis Döbeln

Donnerstag, 29. August

In der Nacht, als das Wasser kam, bin ich um Eins geweckt worden. Natürlich ging es zuerst um die Rettung der Menschen und Gott sei Dank ist in Döbeln kein Todesopfer zu beklagen. Als Zweites mussten wir die Krankenhäuser sichern, innerhalb zweier Tage garantieren, dass alle Dialyse-Patienten durchkommen, die Aggregate trotz Stromausfalls arbeiten können. Als Drittes ging es dann aber schon um Strom und Wasser. Und da war die Situation dramatisch. Viele Leitungen waren kaputt. Ich hatte nur noch die Hälfte der Wasserwerke und auch die arbeiteten nicht mehr, weil der Strom ausgefallen war. Vielerorts waren die Klärwerke überspült. Wir wussten überhaupt nicht, was alles für Krankheitskeime in der Mulde schwammen.

Zerstörter Keller in Radebeul

Ökumenischer Gottesdienst für die Flutopfer in Dresden

Müglitztal

Tochter Christin, 19, die in Stuttgart eine Fleischerlehre macht, sagt, sie wolle »das Geschäft unbedingt weiterführen«. Ricarda, 28, Kellers älteste Tochter, hatte zwei Häuser weiter eine Kneipe. Zwei Kreditraten sind noch offen, dann wäre das Darlehen getilgt gewesen. Nun liegt das Inventar vor dem Haus. Von ihrem großen Kaktus hat sie einen Ableger gerettet. Vier Jahre hat sie sich gequält, keinen Urlaub gemacht. Sie will nicht noch einmal anfangen. »Wer hat denn jetzt in Grimma Geld, in die Kneipe zu gehen?« Bürgermeister Berger fürchtet, dass die Hälfte der Gewerbetreibenden aufgeben werde, schließlich war das Stadtzentrum mit allen Einkaufsstraßen überflutet. Diesen Montag hat die Sächsische Aufbaubank Geschäftsleute eingeladen; in einem überfüllten Klassenzimmer der Berufsschule teilen fünf Frauen Formulare aus für die Hilfsprogramme. Die Stimmung ist aggressiv. »Sind das Zuschüsse?«, ruft jemand. Antwort: »Wir wissen, dass wir mit Krediten bei Ihnen nichts ausrichten können.« Eine Hoteliersfrau fordert, die alten Schulden müssten erlassen werden. Das kann natürlich niemand zusagen.

Manfred Keller war zur selben Zeit bei seiner Bank, hat mit den Behörden gesprochen und den Energiewerken. Das Finanzamt stundet zunächst alle Forderungen, die Kreditraten und die Zahlungen für Strom und Gas wurden für zwei Monate ausgesetzt.

Wir haben Chlor eingesetzt. Normalerweise wollen die Leute kein Chlor im Wasser – dann setzt es Beschwerden, Beschwerden, Beschwerden. Wenn du aber Chlor im Wasser hast, hast du keine Keime mehr.

Wir haben das in Griff bekommen. Sicherlich: Es gab vierzehn Tage lang ein Abkoch-Gebot für Trinkwasser. Die Seuchensituation hat aber hier in der Region Döbeln einen ganz normalen Sommerverlauf. Hut ab auch vor der Bevölkerung, die das mit dem Chlor im Wasser verstanden hat: Sie ist stolz auf sauberes Wasser. Denn nur wer sauberes Wasser hat, kann die Kraft tanken, die er zum Aufräumen braucht.

Bis dahin müssen die Hilfsprogramme von Bund und Land laufen. Klaus-Jürgen Linke, stellvertretender Landrat des Muldentalkreises, schätzt, dass allein für Grimma mit seinen 18 000 Einwohnern eine dreistellige Millionensumme nötig sein werde.
Es geht aufwärts in Grimma. Die Lokalzeitung meldet: »Ab sofort beginnt abschnittsweise die Zuschaltung der Stromversorgung.« Über den Markt fahren schon wieder Kehrmaschinen und fegen den feineren Dreck. Die Firma Ebert stellt bereits Musterfenster und -türen aus. Im Schaufenster des Telefonladens in der Langen Straße steht strahlendweiß: »Wir machen weiter!«
»Wir können doch Grimma nicht untergehen lassen«, sagt Kellers Ehefrau Ute, 49. »Beziehungsweise, wir müssen es wieder hochkriegen.« Dann stellen sich beide für den Fotografen in die einzige saubere Ecke ihres Ladens. Sie halten sich an den Händen. Ute atmet tief durch, Manfred stiert auf den Boden. Ringsum herrschen Dreck und Chaos. Nach der Aufnahme nimmt Ute Keller einen Scheuerlappen und wischt die Stiefelspuren von den Fußbodenfliesen.

Toralf Staud

Hans-Joachim Hunger | Wirt der Schlachthofklause

FRANKENBERG, 6. SEPTEMBER

Jemand hat einen Kärcher mitgebracht – eine dieser extrem leistungsfähigen Reinigungsmaschinen. Ein anderer brachte belegte Brote. Ich hab gemerkt: Das sind nicht bloß deine Kunden. Das sind ja Freunde. Das Netzwerk Mittweida hat uns kostenlos Heizgeräte zur Verfügung gestellt. Die Versicherung war da und hat den Schaden aufgenommen – es sieht ganz gut für mich aus. Zudem habe ich Soforthilfe bekommen und Geld von der Kreditanstalt für Wiederaufbau. Das deckt natürlich nicht den kompletten Schaden – der Schätzer hat ihn fünfstellig angesetzt. Aber es hilft. Wenn das Wetter so bleibt, sind die Wände Ende September soweit abgetrocknet, dass wir mit den Bauarbeiten beginnen können. Es wird schon. Vielleicht kann ich noch vor Weihnachten wiedereröffnen.
Mit dem Hochwasserschild will ich aber nicht so lange warten. Das bring ich nächste Woche an: in 2,10 Meter Höhe.

12. August 2002
Hel dem Müglitztal!
Gemeinde Müglitztal
Kto 30000 22677 BLZ 850 50 300
SPK Pirna-Freital
Kennwort Hochwasser
Ev.-Luth. Pfarramt Maxen
Kto 102066022 BLZ 850 951 64
SPK Pirna-Freital
Kennwort MX-Hochwasser
Bitte keinen Katastrophentourismus!
Was wir brauchen ist:
Ihre tätige Hilfe – statt Fotos und Videokamera
Schaufeln / Hacken
Schubkarren
Kettensägen
Frisches Wasser
und einige Stunden Hilfsbereitschaft.
Vielen Dank für Ihr Verständnis!
Ab Montag, dem 26.08.02,
4 Raum-Wohnung mit Bad
und Küche, komplett mit
Geräten, in Schmorsdorf
zu vergeben.
Geeignet für Familien mit
2 bis 3 Kindern.
Bei bestehendem Interesse
bitte melden bei:
Andreas Rietzschel
Schmorsdorf Nr. 7, 01809
Tel. (0172) 3 19 48 11

Hilfe allerorten, hier in Niederpoyritz

Gemeinsam für Deutschland.
Für ein mode

Wildfremde Goldfische

Es könnte mal wieder regnen. Ein kurzer Platzregen in die Sommerhitze hinein könnte vielleicht den trockenen Sandstaub binden, der sich über die Stadt gelegt hat. Vor allem sollte der klamme, sumpfige Geruch verfliegen, der sich über unseren Lieblingsplätzen hält. Auf der alten Eisenbrücke Blaues Wunder kannst du abends nicht lange stehen, weil der Modergeruch dominiert, der aus den schönen alten Häusern vom Ufer hochzieht. Auf dieser Brücke standen bis zum letzten Moment – sie wurde gesperrt – immer Menschen und guckten Richtung Pillnitz.
Das waren keine Gaffer, es waren Nachbarn und Freunde.
Sie schauten auf den Fluss, um zu begreifen.
Der hilflose Blick einiger Leute erinnerte mich an den Abend zu Beginn der Katastrophe. Unter der Brühlschen Terrasse war schon die Straße überschwemmt, aber noch schien alles wie gewöhnlich: Die Elbe steigt jedes Jahr ein wenig über die Ufer, dann zieht sie sich zurück und man hilft aufräumen. Doch schon an jenem Montagabend sprengte das Wasser in Seitenstraßen Gully-Deckel aus der Verankerung. Die Brühe schoss hinauf wie erste Funken eines erwachenden Vulkans. »Hier oben bist du sicher«, erklärten wir unserem Fünfjährigen. Das Wasser war weit weg. Aber er

Andreas Klottig | Sorgentelefon der Stadt Dresden

Dienstag, 20. August

Eine Frau rief an, die dringend einen Statiker anforderte. Wo bitte, bekommt man den jetzt her? Ich habe ihr gesagt, dass das im Moment ein wenig schwierig sei und gefragt, wie schlimm es ist. Enorm, antwortete sie, bedrohlich, lebensbedrohlich gar. Ich dachte: Oh Gott! Und bat um Details. Das Grundwasser, sagte sie. Der Keller unter Wasser. Der Boden im Vorgarten, der sich senkt. Das ganze Haus droht einzustürzen. Der Verwalter aus Pirna. Den ganzen Tag schon angerufen. Keine Reaktion.
Ich habe ihr gesagt, dass die Menschen in Pirna im Moment eigene Sorgen haben. Ich habe sie gefragt, wie tief denn der Keller ist. Drei Meter, mindestens, die Antwort. Ich fragte, wie stark der Boden eingesunken sei. Schon fünf Zentimeter, sagte sie. Mir fiel ein Stein vom Herzen. »Dann bleiben ihnen ja noch 2,95 Meter Boden, bis ihr Haus einstürzt«.

Hauptbahnhof in Dresden

Elbepark in Dresden

zitterte am ganzen Körper. So kannte er seinen Ausflugsdampfer-Fluss nicht. Heute sagen auch Ältere, sie hätten nie gedacht, sich je vor der Elbe zu fürchten.

Der erwünschte Regenguss könnte die braunen Flecken von den Büschen und Bäumen spülen, die das Wasser hinterlassen hat. Er könnte den Geruch binden, ein bisschen. Aber die Linie, bis zu der das Wasser vorgedrungen war, würde nicht weggewaschen aus dem Gedächtnis, sie hat sich dort eingebrannt. Die Linie im Wohnzimmer der Freunde, oben an der Decke. Die Linie am Tresen des Cafés, in dem wir sonntags frühstücken. Die Linie am Marktplatz, wo schon wieder Händler stehen, obwohl man sich fragt, ob das gesund ist.

Unten am Elbufer zeigt eine Bekannte, die ihr überflutetes Haus trocknet, eine Blechschüssel. Im Wasser schwimmen zwei Goldfische. Sie waren in ihrem Wohnzimmer, als sie heimkehrte. Viele werden jetzt unterscheiden: Wie war es vor der Flut, wie danach? Selbst wenn es um Banales wie Bratwurst geht. Nach drei Tagen Stromausfall klagten einige, sie könnten kein Grillfleisch mehr sehen. Wir trafen Dresdner direkt neben ihren überfluteten Häusern auf einem trockenen Fleckchen an, wo sie grillten. Sie wollten ihren Besitz nicht allein lassen. Nachbarn feierten so ihren ersten gemeinsamen Grillabend am Flutsaum.

Andreas Eggert | Bürgermeister von Bad-Schandau

Liebe Bewohner
der vom Hochwasser betroffenen Orte!

Seit dem Jahre 1845 hat unser eben noch geliebter und gelobter Elbestrom die Region nicht in diesem schrecklichen Ausmaß in seine Fluten gezogen. Fast unvorstellbar versank eine ganze Region im Wasser. Die Zahl derer, die nicht betroffen sind, ist eine verschwindende Minderheit. Noch immer ist das gesamte Ausmaß der Katastrophe kaum überschaubar. Die Entwicklung unserer Region wird mehr als ein Jahrzehnt zurück geworfen. Für die meisten Flutopfer ist das Wirken, sowie Hab und Gut vieler Jahre im wahrsten Sinne des Wortes weggeschwommen. Es ist wie nach einem Krieg – einzig es blieb niemand im Felde.

Dies ist aber auch genau der Ansatzpunkt, der uns allen gegenwärtig sein muss – es gab immer einen Neuanfang und einen Aufschwung und es wird ihn auch mit und bei uns geben. Dieser Schimmer Hoffnung ist, wenn wir uns gemeinsam unter die Arme greifen, ein Schein, ein Ausblick in die Zukunft. Ich möchte aus meinem und sicher aus vielen Herzen heraus allen

Kleingartensparte in Meißen

Am Bahnhof in Tharandt

Wir hatten erwartet, dass man bei Ausnahmezustand das Radio einschaltet und erfährt, was zu tun ist – und wer keinen Strom fürs Radio hätte, den würden Lautsprecherwagen der Polizei warnen. Aber im Radio wurde oft Unfug verbreitet. Brücken wurden als gesperrt gemeldet, die noch befahrbar waren. Von einem Deichbruch war die Rede, den es nie gab. Je weiter von Dresden entfernt, desto irrer die Meldungen. Bei ausländischen Freunden standen Donnerstagnacht die Telefone nicht still – sofern sie Strom hatten. CNN hatte unter Berufung auf die Bundeswehr gemeldet, dass Dresdens Altstadt geräumt würde – nach einem Deichbruch. Wir konnten uns zwar nicht recht ausmalen, wo ein Elbdeich sein sollte, der dort hätte brechen können. Aber unruhig machte die Meldung schon.

Unten am Fluss beklagen viele Hausbesitzer, ihnen sei nicht rechtzeitig gesagt worden, wie hoch das Wasser kommen könnte.

Es kamen keine Lautsprecherwagen. In Loschwitz hörten Freunde nun, dass die Behörden sie einfach vergessen hätten. Sie können jetzt den Fluss nicht mehr aus den Augen lassen.

Jens Schneider

Bürgern, allen besonnen gebliebenen Betroffenen, den vielen Helfern, unseren Nachbarn, natürlich unseren Feuerwehren, den Hilfsdiensten, ja einfach allen ein großes Dankeschön aussprechen.

Wenn man sich das Ausmaß der Katastrophe vor Augen hält, dann darf man auch über einige Fehler und Pannen in den schwersten Stunden hinwegsehen. Zusammenhalt wird jetzt mehr als bisher der Grundstein für den erfolgreichen Wiederaufbau sein. Ich möchte alle Betroffenen ausdrücklich ermutigen, nach vorn zu schauen, so wie ich auch eine Zukunft für unsere Stadt und die Region sehe.

Die Hilfeleistungen und die Solidarität von vielen Seiten haben uns bereits in den ersten Stunden nach dem Unheil gezeigt, dass wir nicht alleingelassen sind. Auch dafür herzlichen Dank. Ich möchte uns für die kommende Zeit viel Kraft und guten Mut wünschen und Jean Etienne Chaponniere zitieren: »Der Optimismus ist der wahre Stein der Weisen, der in Gold verwandelt, was immer er berührt.«

Mittagspause auf dem Theaterplatz

Aufräumen in der Dresdner Neustadt

Die Frankfurter Revanche

Dort, wo die Oder friedlich-träge dahinfließt, steht in großen Lettern: »Die Sächsische Sintflut«. Auf den Fotos im »Döbelner Anzeiger«, der auf dem Werkstatt-Tisch liegt, füllen Helfer Sandsäcke. Den Musikinstrumenten-Bauern Hartmut und Christian Dobberstein kommen diese Szenen sehr bekannt vor. Vor fünf Jahren kämpften Vater und Sohn hier in Frankfurt/Oder gegen das Hochwasser. »Durch die Geschichte jetzt kommt alles noch mal hoch«, sagt Hartmut Dobberstein. »Aber wir hatten ja eigentlich ein Spiel-Hochwasser.«
Mit 80 bis 90 Tonnen Sand hatten die Dobbersteins im Sommer 1997 versucht, ihre direkt an der Oder liegende Werkstatt vor den Fluten zu schützen. Umsonst. »Wir sind plitsch-platsch abgesoffen«, erinnert sich der 57-jährige Vater. Ein Vierteljahr lang konnten die Dobbersteins keine Flöten reparieren. Noch jetzt ist die Luftfeuchtigkeit in der Werkstatt deutlich höher als vor der Flut.
»Ich weiß nicht aus welchem Grund, aber die Döbelner haben damals von unserer Lage erfahren«, sagt Vater Dobberstein.
Der »Döbelner Anzeiger« und der dortige Lions-Club sammelten 150 000 Mark und spendeten sie Frankfurter Unternehmen.
Den Dobbersteins zahlten die Sachsen die Reparatur einer zwei

Klaus Straßburger | Rothenfurth, Freiberger Mulde
Mittwoch früh können wir zurück. Das Wasser hatte mehr als einen Meter höher gestanden als bei der großen Flut in den 50er Jahren. Alles war voller Schlamm, voller Steine. Selbst hinterm Haus lag noch Straßenbelag. Es ist unglaublich deprimierend, auch für meine Frau, die die ganze Zeit im Haus ausgehalten hat. Es kamen dann aber sehr schnell viele junge Menschen, die zupacken. Eine junge Frau ist sogar aus Berlin zu uns gekommen. Sie hatte das im Fernsehen gesehen, gerade drei Tage frei und wollte helfen. Eine Nachbarin – die Frau ist 82 Jahre alt – hat für alle Mittagessen gekocht. Und als am Mittag nicht 20 Helfer, sondern schon 30 Helfer da waren, hat sie eben in zwei Gängen gekocht. Wir haben eine Hilfsbereitschaft erlebt, die einem zu Herzen geht, die bei aller Tragik dankbar macht.
Die Experten haben einen Schaden von 50 000 Euro ermittelt. Ob es weiter geht? Natürlich. Wir haben ein starkes Gottvertrauen.

Am Volkshaus in Laubegast

Pillnitz

Tonnen schweren Maschine. Für die Instrumentenbauer steht fest: »Ohne die Döbelner würde es uns jetzt nicht mehr geben.« Genauso fest steht deshalb für die Dobbersteins: Diesmal helfen wir den Döbelnern. »Etliche Schüler sind durch die Flut so arg gebeutelt, dass sie nicht mehr kommen können«, sagt Margot Berthold, die Leiterin der Musikschule Döbeln. Ihre Instrumente seien weggespült oder nass – und damit unbrauchbar. »Gerade Musik hilft Kindern, Ereignisse zu verarbeiten«, meint Christian Dobberstein. Mit seinem Vater sammelt er deshalb nun Instrumente und Geld.

Einem Mädchen konnte schon geholfen werden. Auf der Flucht vor der Flut war ihr die Querflöte ins Wasser gefallen. Ein Kunde – das Tanzblasorchester Schulzendorf – stellte den Dobbersteins eine Flöte zur Verfügung, die nun nach Döbeln unterwegs ist. »Wir suchen jetzt Ersatz für vier Klaviere, die davongeschwommen sind«, sagt Dobberstein senior. Zudem wollen viele Kunden der Instrumentenbauer Benefizkonzerte geben.

Diesmal helfen die Frankfurter den Döbelnern. Hoffentlich kommt es demnächst nicht wieder andersrum.

Sophia-Caroline Kosel

Manuela Riemann | Flöha

Am Freitag ist der Cousin mit dem Traktor gekommen. Wir haben 200 000 Liter Wasser aus dem Keller gepumpt. Manchmal waren 15 Helfer hier, du hattest gar keine Zeit, zu resignieren. Und dann haben wildfremde Menschen angerufen, die uns Geld spenden wollten. Von Siemens haben wir einen Gutschein bekommen. Auch Sachspenden bekamen wir. Spielsachen für die Kinder zum Beispiel. Da war auch ein Puppenwagen dabei. Aber den haben die Kinder weitergeschenkt. Mit der Begründung: Andere sollen auch was abbekommern.

Der Rubens-Saal in der Dresdner Gemäldegalerie Alte Meister: auf dem Boden die geretteten Gemälde aus dem Depot

Die Wassergüte wird getestet

Schloss Pillnitz

Selbstkritik eines Amtsleiters

Er müsse klar einräumen: »Unser Amt hat Defizite.« Norbert Ziegler ist in Plauen Leiter des Staatlichen Umweltfachamtes, einer Fachbehörde, »die sich künftig besser durchsetzen muss.« Zum Beispiel bei der Argumentation gegen die Flussbegradigung. Und natürlich bei der Argumentation gegen Flächenversiegelung. Die Zahlen geben ihm Recht: Zwischen 1997 und 2001 wurden deutschlandweit jeden Tag im Schnitt 129 Hektar Natur »erschlossen«, ermittelte das Statistische Bundesamt. Erschlossen heißt versiegelt – täglich 175 Fußballfelder. Macht im Jahr eine Fläche, die etwa so groß ist wie der Landkreis Döbeln. Für Ziegler sind die Konsequenzen klar: »Die Flutkatastrophe muss generell Anlass zum Umdenken sein – an einigen Orten sogar mit schmerzlichen Folgen.« Nicht überall nämlich, wo sich die Flüsse mit Brachialgewalt ein neues Bett suchten, dürften sie jetzt wieder in alte Bahnen gezwängt werden. Konkreter: »Nicht überall ist es sinnvoll, zerstörte Häuser, Straßen und Brücken am selben Ort wieder aufzubauen.« Ziegler weiß, dass sein Amt allein Umdenken nicht bewirken kann. Die Bürger müssten helfen, sagt er und bittet: »Jeder kann sich jederzeit an uns wenden.«

Gerd Bröchler | Tharandt

BERICHT IM INTERNET

In der am 23. August im Judeich-Bau stattgefundenen Einwohnerversammlung konnte der Bürgermeister berichten, dass es schon gelungen ist, die Anwohner des größten Teils der Pienner Straße mit Strom, Gas und Trinkwasser zu versorgen. Auch die Abwasserleitung ist wieder brauchbar. In der Erörterung der Ursachen der Katastrophe, die den größten Teil der Versammlung ausfüllte, wurde bemängelt, dass bei einer früheren Information ein großer Teil der Verluste an persönlichem und städtischem Eigentum vermeidbar gewesen wäre. Einwohner berichteten, dass sie zwar das Anschwellen der Wilden Weißeritz mit Sorge betrachtet hätten, aber in die beiden zum Zweck des Hochwasserschutzes errichteten Talsperren Lehnmühle und Klingenberg volles Vertrauen hatten. Schließlich gab es seit Errichten der Talsperren 1912 kein zerstörerisches Hochwasser mehr.

Anhang

Ausmaß und Schäden des Hochwassers

Die Jahrhundertflut hat allein in Sachsen 20 000 bis 30 000 Häuser beschädigt oder zerstört.
Straßen mit einer Länge von 740 Kilometern erlitten starke Schäden oder wurden ganz zerstört. 538 Kilometer Eisenbahnstrecke fielen der Flut zum Opfer – 20 Prozent des sächsischen Schienennetzes. Dazu kommen 180 zerstörte Brücken. Rund 4 000 Autos wurden vernichtet.
Auf rund eine Milliarde Euro beziffert Sachsens Regierung die Schäden in der sächsischen Wirtschaft. Rund 11 000 Betriebe sind betroffen. Das Sächsische Landwirtschaftsministerium geht von etwa 94 Millionen Euro Verlust im Agrarbereich aus – in Form von überfluteten Gehöften und unter Wasser gesetzten Maschinen.
An den kommunalen Wohnungen hat das Wasser nach vorläufigen Schätzungen rund 60 Millionen Euro Schaden verursacht.
Pflegeheime, Kitas, Krankenhäuser – 280 beschädigte soziale Einrichtungen registrieren die Behörden sachsenweit. 44 Pflegeheime melden 35 Millionen Euro Schaden. Insgesamt werden für die sozialen Einrichtungen 90 Millionen Euro gebraucht. Die Behörden sagen: Die Zahlen sind vorläufig. Allein für 110 gemeldete Kindertagesstätten wird ein Schaden von 25 Millionen Euro festgestellt. Einige Kitas – etwa in der Dresdner Friedrichstraße 46 – können nur noch abgerissen werden.
Mehr als die Hälfte der sächsischen Krankenhäuser befindet sich in den Gebieten, für die Katastrophenalarm ausgelöst wurde.
Es musste allerdings nur ein Zehntel davon evakuiert werden, was aber immer noch 3 000 Patienten betraf. Baulich sind sieben Krankenhäuser direkt betroffen. Durch den Einsatz von Ärzten und Schwestern konnte zumeist Medizin- und EDV-Technik gerettet werden. Deshalb fallen die Schäden relativ gering aus. Relativ gering bedeutet: 60 Millionen Euro.
Von den 2 105 sächsischen Schulen in öffentlicher und freier Trägerschaft sind nach Angaben der Regionalschulämter 236 durch das Hochwasser geschädigt, also 11,2 Prozent. Gerechnet werden muss mit einer Schadenssumme von mindestens 30 Millionen Euro. Das entspricht etwa dem, was der Kultushaushalt pro Jahr für die Förderung des Schulhausbaus verausgabt.
Vergleichsweise gering sind auch die Hochwasser-Schäden an Sportstätten: bundesweit 108 Millionen Euro. Allerdings hat es die Sachsen besonders getroffen: 223 Vereine melden 100 Millionen Schaden.
Das Sächsische Kunstministerium bilanziert 64,5 Millionen Euro Schaden an Sachsens Kulturstätten. Vor allem Semperoper und Staatsschauspiel in Dresden hätten die ersten Schätzungen um 5,5 Millionen übertroffen. Schlimm erwischt hat es auch die Theater in Meißen und Döbeln. Vor allem in der Muldenstadt ist überhaupt noch nicht abzusehen, wie es weiter geht – und ob.
Für die Instandsetzung der öffentlichen Bibliotheken werden rund 1,1 Millionen Euro veranschlagt.
Die Staatlichen Kunstsammlungen in Dresden sind auf der Suche nach neuen Depots und Restaurierungswerkstätten. Die alten Räume unterhalb des Theaterplatzes und im Keller des Albertinums standen unter Wasser und sind nicht mehr nutzbar.
Von Riesa-efau bis zum Eselsnest am Pieschener Hafen – die freien Kulturvereine bilanzieren eine viertel Million Euro Schäden. Was wenig klingt, aber viel ist: Diese Vereine werden nicht als Arbeitgeber behandelt, erhalten deshalb nur 500 Euro Soforthilfe.
Mindestens 115 Baudenkmäler hat das Hochwasser beschädigt. Neben berühmten Ensemblen wie der Semperoper oder dem Zwinger sind viele Einzeldenkmäler betroffen: 18 Kirchen, sieben Mühlen und mehr als 70 Bürgerhäuser. Am 8. September, dem Tag des offenen Denkmals, warnt der Vorsitzende der deutschen Stiftung Denkmalschutz, Gottfried Kiesow: »Wenn nicht schnell geholfen wird, ist ein Teil der Häuser nicht mehr zu retten.« Mancherorts plädierten die Behörden auf »Abriss«. Die Denkmalschutz-Stiftung stellt 1 Million Euro Soforthilfe bereit und ruft zu Spenden auf.
Die Bahn ist das mit Abstand am stärksten betroffene Unternehmen. Rund 1,025 Milliarden Euro werden Sachschäden und Erlösausfälle den Konzern kosten. 130 Kilometer Bahndamm wurden unterspült, 94 Eisenbahnbrücken beschädigt, 10 davon sind eingestürzt. Zerstört wurden 240 Weichen, 24 Stellwerke, etliche Bahnhöfe. Abschnitte der Strecke Dresden – Tharandt – Chemnitz sind völlig zerstört, ebenso die Müglitztalbahn (Heidenau – Altenberg) und die Schmalspurbahn Freital-Kipsdorf.
Schäden auch an Zoos und Tierparks. Die Mulde zerstörte den Tierpark in Eilenburg, für viele Tiere kam jede Hilfe zu spät.

Das Ausmaß der Überschwemmung am Beispiel Dresden: Satellitenaufnahmen vom 14. und 20. August 2002

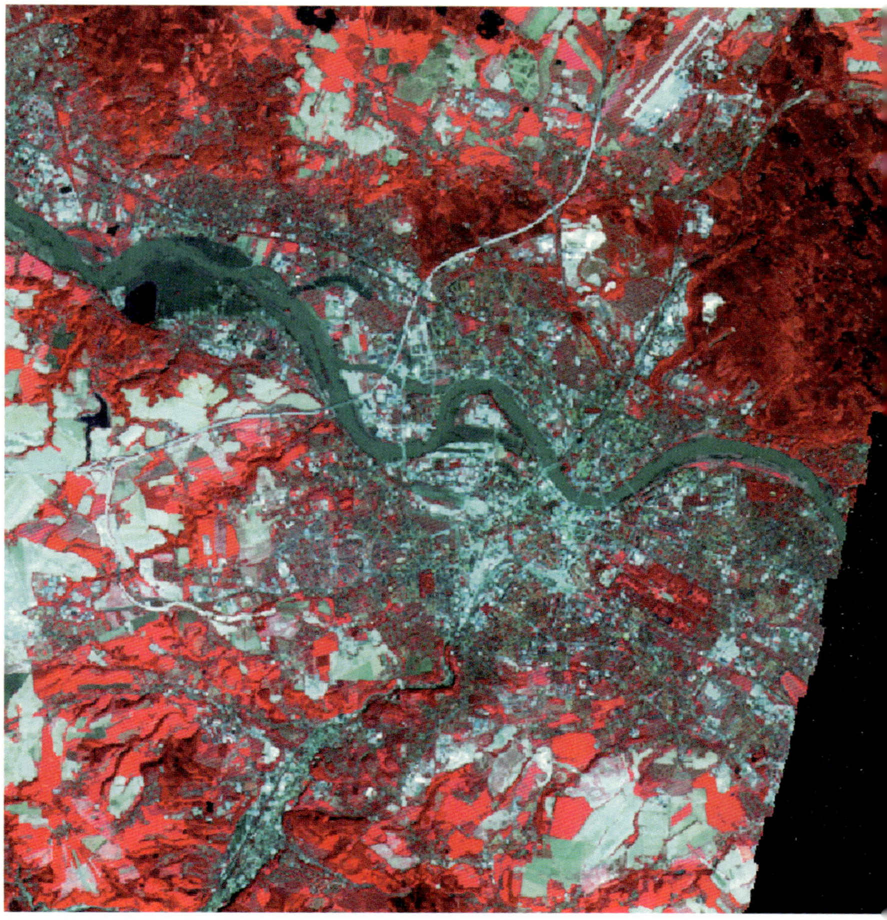

Der Tierparkleiter und seine Mitarbeiter konnten lediglich einige Kleintiere retten und das Damwild freilassen, damit es flüchten kann. Einige Beschäftigte mussten dann selbst vom Dach des Kassenhäuschens gerettet werden. Die Elbe fügte den Tiergärten in Riesa, Oschatz und Stendal schweren Schaden zu. Dort blieben aber viele Tiere unversehrt.

Auch im Bergbau gibt es Verluste: Der starke Regen hat rund 130 neue Schadstellen des stillgelegten Bergbaus zu Tage gefördert. Mindestens 23 Millionen Euro sind zur Sanierung nötig.

Am 26. September veröffentlicht die Bundesregierung eine erste offizielle Schadensbilanz. Danach hat das Wasser in 60 Landkreisen und kreisfreien Städten gewütet, mehr als 100 Kommunen bilanzieren »erhebliche Schäden«. Nach vorläufigen Schätzungen der Bundesländer liege der Schaden an Elbe, Mulde und Donau bei mindestens 22,6 Milliarden Euro. Mehr als 337 000 Menschen waren vom Hochwasser betroffen, über 100 000 mussten evakuiert werden.

Am 1. Oktober dankt Bundespräsident Johannes Rau in Leipzig den Helfern. Der Einsatz von 128 000 Mitarbeitern von THW, Bundeswehr, Polizei oder den Feuerwehren war der größte Katastrophenschutzeinsatz in der Geschichte der Bundesrepublik. Rau hob auch die Hilfsbereitschaft und Solidarität hervor, die die Menschen im gesamten Land erfassten.

Die Autoren

Nick Reimer (36)
studierte bis 1991 Verfahrenstechnik an der Bergakademie Freiberg.
Mit der »ÖkoStroika« gründete er 1989 die erste überregionale Umweltzeitschrift der DDR.
Seitdem arbeitet er als Journalist und Autor, derzeit für die in Berlin erscheinende taz, die tageszeitung.
Im Verlag baerens & fuss erschien seine Analyse »Die Zukunft der Umweltbewegung« (2002)

Kartrin Fiedler (38) freie Journalistin aus Dresden

Thomas Gerlach (38) freier Journalist aus Berlin. Er arbeitet hauptsächlich für die FAZ (Frankfurter Allgemeine Zeitung) und die taz (die tageszeitung)

Guido Kleinhubbert (29) Reporter der »Süddeutschen Zeitung«, lebt in Düsseldorf

Sophia-Caroline Kosel (30) Journalistin, gebürtige Dresdnerin, lebt als Redakteurin der Deutschen Presseagentur dpa in Frankfurt/Oder

Thomas Rosenlöcher (55) Schriftsteller, lebt in Dresden-Kleinzschachwitz und in Beerwalde (Erzgebirge). Rosenlöcher publizierte im Suhrkamp-Verlag: »Ostgezeter. Beiträge zur Schimpfkultur« (1997), »Die verkauften Pflastersteine. Dresdner Tagebuch« (1990) u.a.

Jens Schneider (39) Sachbuchautor und Journalist, lebt seit sechs Jahren als Korrespondent der »Süddeutschen Zeitung« in Dresden. Publizierte im dtv »Brücke über die Neretva« (1995, zusammen mit Hans Koschnick)

Ingo Schulze (40) Schriftsteller, lebt in Dresden und Berlin, publizierte bei dtv, »Simple Storys« (1998), »33 Augenblicke des Glücks« (1995)

Rudolf Scholz (63) Schriftsteller aus Dresden, publizierte im dingsda-Verlag Querfurt, »Mein lieber Herr Gesangsverein«, »Die Schwalben der Kindheit« u.a.

Volker Sielaff (36) Feuilletonist und Lyriker aus Dresden. Seine Gedichte wurden ins Englische, Tschechische, Ungarische und Arabische übersetzt

Jens-Uwe Sommerschuh (43) Schriftsteller und Feuilletonist aus Dresden, publizierte bei Rütten & Loening »Coyote« (2000), im Aufbau-Verlag Berlin »Carcassonne« (1996), u.a.

Toralf Staud (30) Autor und Journalist, ist Redakteur bei der Wochenzeitschrift »Die Zeit«. Publizierte im Mitteldeutschen Verlag »Auf dem Moped in die Freiheit. Wendegeschichten aus der Altmark.« (2000)

Marius Zippe (30) Journalist, lebt in Dresden und Berlin

Die Fotografen

Matthias Rietschel (44)
studierte Fotografie von 1980 bis 1986 an der Leipziger Hochschule für Grafik und Buchkunst.
Seitdem arbeitet er freiberuflich als Fotograf, seit 1992 vor allem für die Nachrichtenagentur Associated Press AP.
Der Verbum-Verlag publizierte im Sammelband »Keine Gewalt« 1991 seine Wendefotos.

Henrik Ahlers (40) seit 1989 Fotograf an der Fotothek Dresden

Jan Bauer (36) arbeitet als freier Fotograf in Berlin, Agentur AP

Ronald Bonss (32) Fotografenlehre, seit 1996 freier Fotograf in Dresden, Agentur »Moment Foto«, Sächsische Zeitung

Maik Börner (37) seit 1994 freier Fotograf in Leipzig

Frank Dehlis (30) fotografiert als Freier in Dresden und Berlin

Sven Döring (31) Dresden, Mitglied der Fotoagentur VISUM Hamburg, arbeitet seit 1997 vor allem für das Magazin »Der Spiegel«

Annett Ehlers (33) fotografiert seit 6 Jahren, lebt in Rabenau

Steffen Füssel (39) bis 1993 Fotografenlehre in München, seitdem freiberuflich in Dresden, Sächsische Zeitung

Marian Günther (57) freier Pressefotograf in Dresden, arbeitet für verschiedene Tageszeitungen und TV

Jörn Haufe (29) Zahntechnikerlehre, lebt in Dresden, arbeitet freiberuflich, seit 2001 vor allem Dresdner Morgenpost

Frank Höhler (47) Diplomingenieur für Verkehrswesen, Fernstudium Fotografie, seit 1990 freiberuflicher Fotograf in Dresden

Mario Hösel (30) arbeitet seit 2000 als freier Fotojournalist im Raum Chemnitz, vorher 4 Jahre als Fotograf bei der Bundeswehr

Andreas Judefeind (53) Großhartmannsdorf, seit 1992 Fotograf

Rene Kasprzack (26) wohnt in Wilsdruff, ist für Tageszeitungen tätig, seit 2000 überwiegend für die Dresdner Morgenpost

Oliver Killig (24) arbeitet seit 1997 in Dresden als freier Fotograf

Silvia Kramer (35) AG »Stadtdokumentation« in Dresden

Hans Krämer (47) Herzogswalde, Fotolaborant in Freital

Andreas Kretschel (34) Hohenstein, freier Fotograf seit 1990

Sergej Kuznetzov (48) seit 25 Jahren Fotograf in der Sowjetunion, Tschetschenien, Afghanistan, Irak, seit 2000 in Dresden

Sven Laudel (21) Koch, fotografiert seit 2 Jahren, lebt in Döbeln

Matthias Lüttig (48) lebt seit 1979 als freier Fotograf in Dresden

Uwe Meinhold (31) arbeitet frei im Raum Chemnitz und Vogtland, vor allem für die Nachrichtenagentur ddp und Tageszeitungen

Robert Michael (24) gelernter Schrift-und Grafikmaler, Dresdner, seit 1997 freiberuflich für Presse und die Nachrichtenagentur ddp

Eckardt Mildner (44) Fotoclub Freiberger Fotofreunde, seit 4 Jahren Arbeit als fester Freier bei der Freien Presse

Detlev Müller (39) lebt in Freiberg, seit 1991 als freier Fotograf für Tageszeitungen und Theater

Tom Richter (39) Diplom-Ingenieur, Fotografie als Hobby

Andreas Wegener (41) Grüne Liga Dresden, Fotografie als Hobby

Ronny Senft (25) aus Nossen, Student, Fotografie als Hobby

Alexandra Winkler (26) wohnt in Berlin, seit 2000 Fotografin bei der Nachrichtenagentur REUTERS

Bildnachweis

8 René Kasprzack
10 Matthias Rietschel, AP
11 Marian Günther
12 Steffen Füssel
Andreas Kretschel
13 Karl Mildner
Uwe Meinhold
14 Mario Hösel
Karl Mildner
15 Ronald Bonss
16 Marian Günther
17 Sergej Kuznetzov
18 Uwe Meinhold
19 Uwe Meinhold
20 Karl Mildner
21 Jörn Haufe
22 Uwe Meinhold
23 Matthias Rietschel
24 Ronald Bonss
25 René Kasprzack
Robert Michael
26 Matthias Rietschel
Jörn Haufe
27 Steffen Füssel
Andreas Judefeind
28 Detlef Müller
Mario Hösel
29 Uwe Meinhold
30 Ronny Senft
31 Ronny Senft
Ronny Senft
32 Maik Börner
33 Maik Börner
34 Uwe Meinhold
35 Uwe Meinhold
36 Andreas Kretschel
Mario Hösel
37 Ronny Senft
Mario Hösel
38 Annett Ehlers
Hans Krämer
39 René Kasprzack
40 Maik Börner
Jan Bauer
42 Sergej Kuznetzov
44 Sergej Kuznetzov
45 Matthias Rietschel
Matthias Rietschel
46 Matthias Rietschel
Tom Richter
47 Henrik Ahlers
Marian Günther
48 Sergej Kuznetzov
Jan Bauer
49 Sergej Kuznetzov
50 Matthias Rietschel
51 Robert Michael
52 Sergej Kuznetzov
53 Sergej Kuznetzov
54 Alexandra Winkler REUTERS
Sergej Kuznetzov
55 Sergej Kuznetzov
56 Steffen Füssel
57 Jan Bauer
58 Matthias Lüttig
59 Henrik Ahlers
60 Sergej Kuznetzov
61 Sergej Kuznetzov
62 Frank Dehlis
63 Frank Dehlis
Jan Bauer
64 Sergej Kuznetzov
Matthias Lüttig
65 Henrik Ahlers
Jörn Haufe
66 Matthias Lüttig
67 Matthias Lüttig
68 Silvia Kramer
69 Ronald Bonss
70 Ronald Bonss
Ronald Bonss
71 Oliver Killig
Oliver Killig
72 Andreas Wegener
73 Sergej Kuznetzov
74 Alexandra Winkler, REUTERS
Robert Michael
75 Robert Michael
76 Matthias Lüttig
77 Matthias Lüttig
78 Robert Michael
79 Sergej Kuznetzov
Jan Bauer
80 Sergej Kuznetzov
Robert Michael
81 Alexandra Winkler, REUTERS
Frank Höhler
82 Sergej Kuznetzov
Matthias Rietschel
83 Marian Günther
84 Frank Höhler
Steffen Füssel
85 Marian Günther
86 Alexandra Winkler, REUTERS
87 Sergej Kuznetzov
88 Frank Höhler
89 Matthias Rietschel
90 Frank Höhler
Frank Höhler
91 Henrik Ahlers
92 Ronald Bonss
Frank Höhler
Frank Höhler
93 Robert Michael
Andreas Wegener
94 Sergej Kuznetzov
96 Robert Michael
98 Uwe Meinhold
99 Ronny Senft
100 René Kasprzack
101 Alexandra Winkler, REUTERS
102 Marian Günther
103 René Kasprzack
Detlef Müller
104 Marian Günther
Sven Landel
Alexandra Winkler, REUTERS
105 Matthias Rietschel
106 Sven Döring
107 Uwe Meinhold
108 Sven Döring
109 René Kasprzack
110 Frank Dehlis
111 Sven Landel
Ronald Bonss
112 Matthias Rietschel
Mario Hösel
113 Mario Hösel
114 Frank Höhler
115 Matthias Rietschel
116 Uwe Meinhold
117 Matthias Rietschel
118 René Kasprzack
119 René Kasprzack
Karl Mildner
120 Alexandra Winkler, REUTERS
121 Frank Höhler
122 Robert Michael
123 Mario Hösel
René Kasprzack
124 Alexandra Winkler, REUTERS
Maik Börner
125 Marian Günther
126 Uwe Meinhold
René Kasprzack
127 Alexandra Winkler, REUTERS
128 Marian Günther
René Kasprzack
129 Ronald Bonss
130 Andreas Kretschel
Matthias Rietschel
132 Uwe Meinhold
134 Ronald Bonss
135 Frank Höhler
René Kasprzack
136 Detlef Müller
René Kasprzack
137 Marian Günther
Ronald Bonss
138 Andreas Kretschel
Maik Börner
139 Oliver Killig
140 Matthias Rietschel
Frank Dehlis
Alexandra Winkler, REUTERS
141 Oliver Killig
Matthias Rietschel
Matthias Rietschel
142 Jan Bauer
143 Silvia Kramer
Ronald Bonss
144 Matthias Rietschel
145 Marian Günther
146 Frank Höhler
147 Jan Bauer
148 Ronald Bonss
149 Ronald Bonss
150 Matthias Rietschel
Maik Börner
151 Ronald Bonss
152 Frank Dehlis
Marian Günther
153 Sven Döring
Matthias Rietschel
154 René Kasprzack
155 Oliver Killig
156 Marian Günther
157 Ronald Bonss
Ronald Bonss
158 Frank Dehlis
Marian Günther
159 Matthias Lüttig
160 Matthias Rietschel
161 Matthias Rietschel
162 Jan Bauer
Jan Bauer
163 Frank Höhler

Wir danken den Fotoredaktionen der Agenturen AP, ddp und REUTERS für ihre Unterstützung.

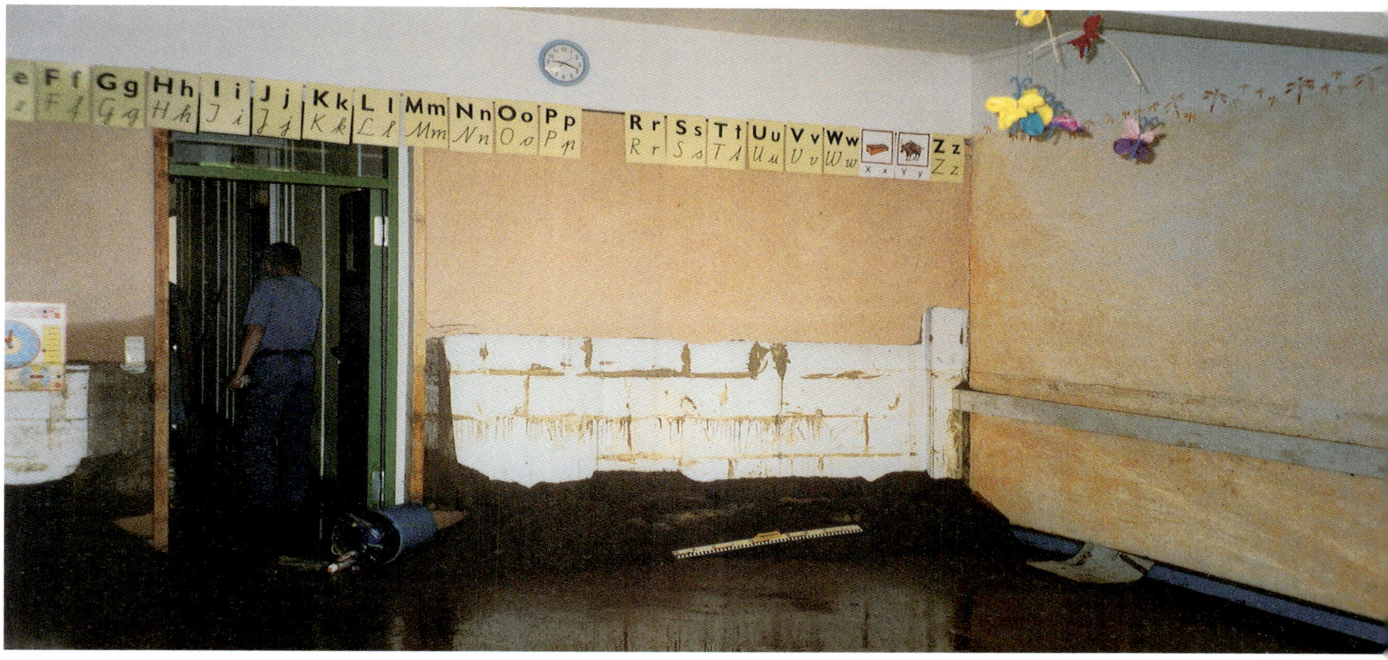

Die Freie Werkschule Meißen

Unter dem Fundament kann man jetzt durchschauen – die Sturzflut der Triebisch hat das Schulgebäude der Freien Werkschule Meißen zerstört.

Die Schule wurde erst 2001 als Ganztagsschule mit eigenem pädagogischen Konzept von Eltern und engagierten Meißner Bürgern gegründet. Der Kauf des Gebäudes – ein Neubau aus dem Jahre 1994 – wurde mit Krediten finanziert.

Jetzt ist der Schaden groß: Gutachter summieren etwa 260 000 Euro.

Die Zukunft ist ungewiss. Der Trägerverein kann das Problem aus eigener Kraft nicht lösen. Es gibt kein finanzielles Hinterland, die Schule erhält keine staatlichen Zuschüsse.

Der Michel Sandstein Verlag möchte helfen, die weitere Existenz der Schule zu ermöglichen. Deshalb kommt der Reinerlös aus dem Verkauf dieses Buches der Freien Werkschule Meißen zugute.

Der Verlag

Bildredaktion
Matthias Rietschel unter Mitarbeit von Carla Arnold, Frank Dehlis
Buchgestaltung
Bettina Neustadt, Dresden
Satz und Reprografie
Michel Sandstein Grafischer Betrieb und
Veragsgesellschaft mbH Dresden
Druck
Druckhaus Dresden GmbH

Der Abdruck der Satellitenfotos auf Seite 167
erfolgt mit freundlicher Genehmigung
des Deutschen Zentrums für Luft- und Raumfahrt,
DLR und EURIMAGE
Titelfoto Sergej Kuznetzov

ISBN 3-930382-79-2